VILLE D'ALBI.

CONCOURS RÉGIONAL.

EXPOSITION
ARTISTIQUE ET ARCHÉOLOGIQUE,

OUVERTE LE 28 AVRIL 1866.

LIVRET.

ALBI,
IMPRIMERIE DE MAURICE PAPAILHIAU.

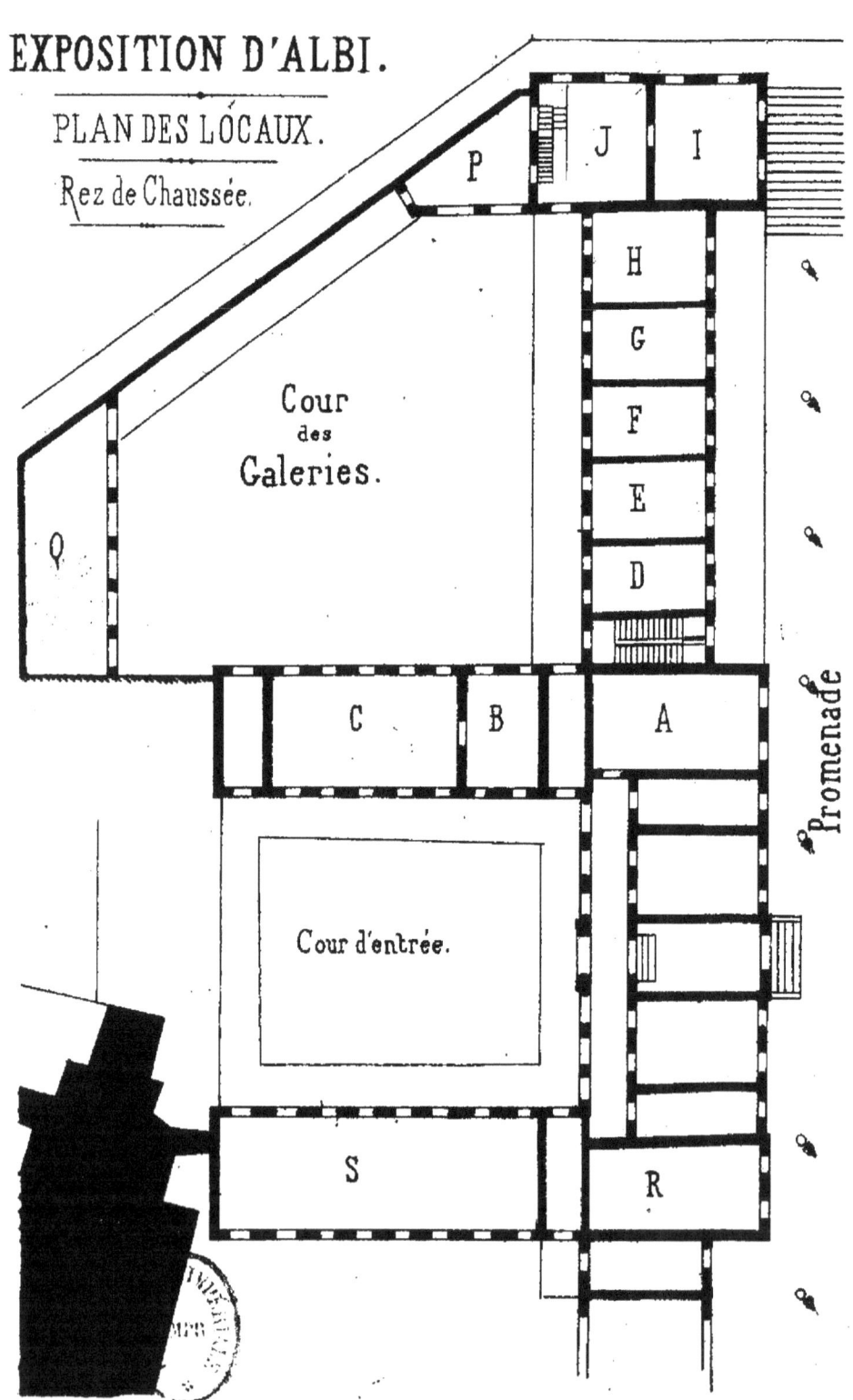

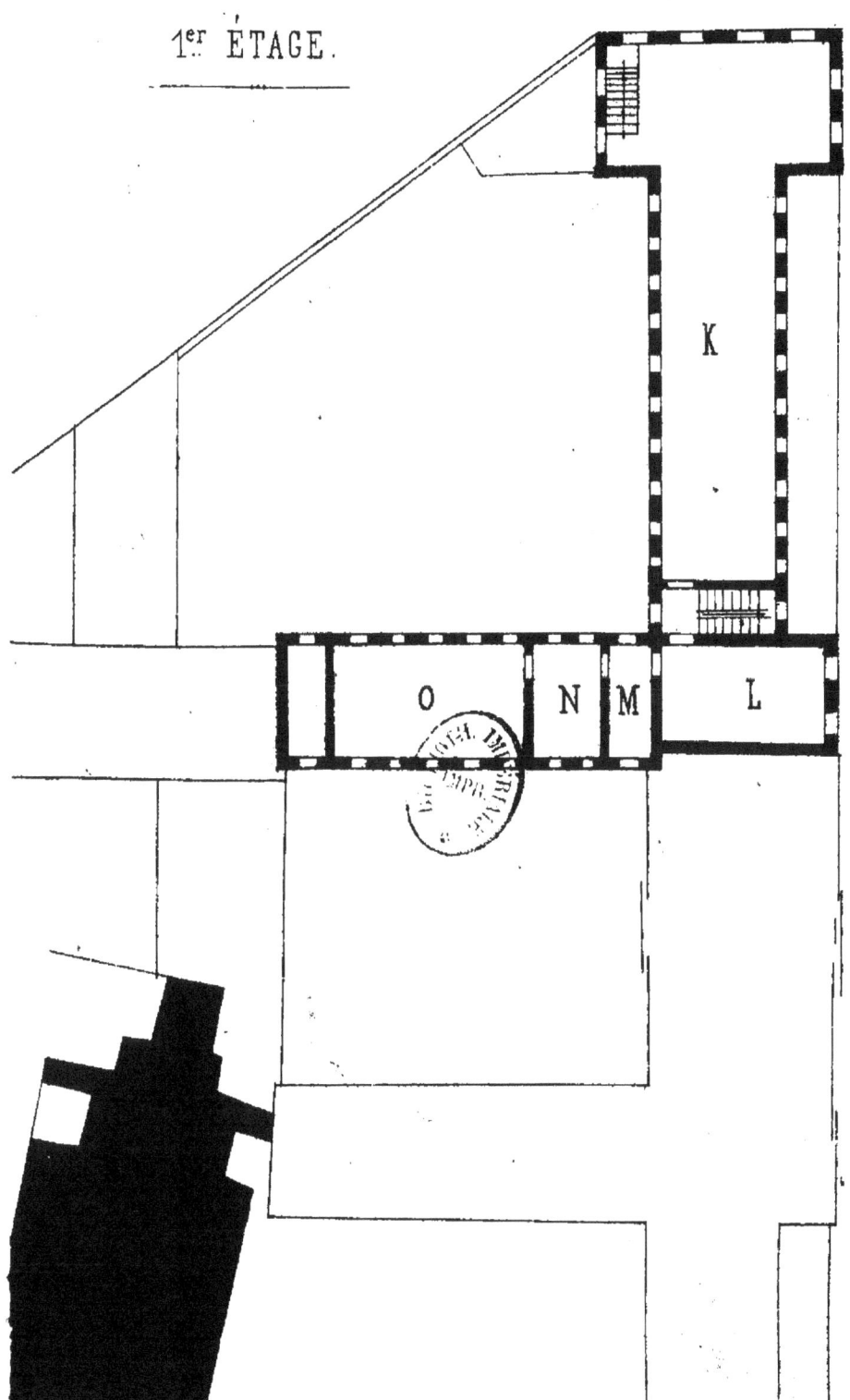

EXPOSITION D'ALBI.

BEAUX-ARTS, ARCHÉOLOGIE,
CURIOSITÉS DIVERSES.

VILLE D'ALBI.

CONCOURS RÉGIONAL.

EXPOSITION
ARTISTIQUE ET ARCHÉOLOGIQUE,
OUVERTE LE 28 AVRIL 1866.

LIVRET.

ALBI,
IMPRIMERIE DE MAURICE PAPAILHIAU.

1866

COMMISSION D'ORGANISATION

DE

L'EXPOSITION ARTISTIQUE ET ARCHÉOLOGIQUE.

M. le vicomte DE VESINS ✵, préfet du Tarn, *président d'honneur.*

M. BERMOND ✵, Maire d'Albi, *président.*

MM.

BERTRAND, secrétaire en chef de la mairie.
BRAY, négociant, membre du Conseil municipal.
CASSAN, docteur en médecine.
CAUSSÉ, docteur en médecine.
CROZES, vice-président du tribunal civil, membre du Conseil municipal.
DÉSAZARS, substitut du procureur impérial.
DOAT, membre du Conseil municipal.
GAUGIRAN (Elie), avocat.
JOLIBOIS, archiviste du département.
Baron DE RIVIÈRES (Edmond).
SARRASY, contrôleur des contributions directes.

ENTRÉES A L'EXPOSITION.

L'Exposition est ouverte jusqu'au 31 mai, tous les jours, de 10 h. du matin à 5 h. du soir.

Par exception, les entrées pourront avoir lieu jusqu'à 6 h. 1/2 du soir, les dimanches 29 avril et 6 mai, et le jeudi 3 mai.

PRIX D'ENTRÉE :

De l'ouverture de l'Exposition au 10 mai,
    50 c. par personne sans dictinction d'âge ;

Du 10 mai à la clôture de l'Exposition,
    50 c. les jours ouvrables.
    25 c. le dimanche.

Les beaux-arts occupent les salles **J K L M** et une partie de la salle **O**.

Les cours et les galeries ou salles **A B C D E F G H I N P Q R S** et une partie de la salle **O** sont affectées à l'industrie.

Les numéros sur fond *blanc* appartiennent à la section des beaux-arts. — Les numéros sur fond *bleu* désignent les produits de la section de l'industrie.

LOTERIE

DE L'EXPOSITION.

Une loterie ayant pour objet l'acquisition d'œuvres d'art ou d'industrie exposées a été autorisée.

Le prix du billet est fixé à **50 centimes**.

Les billets sont divisés en séries de cent billets chacune.

Le nombre des lots sera égal à celui des séries, de sorte qu'il y ait un billet gagnant pour chaque série.

Les objets choisis pour la loterie sont déposés dans la grande salle des beaux-arts **K**.

Ire PARTIE.

BEAUX-ARTS.

L'EMPEREUR NAPOLÉON III,
Portrait en pied, donné par Sa Majesté au département du Tarn.

I.

ARTISTES EXPOSANTS.

La Commission a accepté les attributions données par les possesseurs de Tableaux, de Dessins et d'Objets d'Art, sans en garantir l'authenticité. Elle donnera les renseignements nécessaires aux amateurs qui désireraient acquérir des ouvrages exposés.

ALBRESPY (André), *à Castres, né à Montauban,* élève de Léon Coignet.
1. Vue de Castres.
2. Nature morte.

AMÉ (Louis-Marie-Emile), *architecte du département du Cantal, né à Auxerre,* élève de Viollet-le-Duc.

3. Projet de restauration des chapelles absidales de l'église de St-Quentin (Aisne).
4. Projet de restauration de la chapelle de la Vierge, de la même église.
5. Projet de restauration de la chapelle de la Vierge, dans l'église Saint-Thibaut de Joigny (Yonne).
6. Projet d'église pour Aillant-sur-Tholon (Yonne), (trois feuilles).

ARNAL (Marie-Caroline-Louise), *à Villefranche du Rouergue, née à Autun (Saône-et-Loire),* élève de Richard et Brascassat.

7. Faisans et fleurs.
8. Faisans et fruits.

ASSIER (Edmond d'), *né et domicilié à Toulouse,*
rue Baronne, 5.

9. Femmes auprès d'une statue de Vénus.
10. Paysage.
11. Paysage.

AUDIGUIER (Jacques), *professeur de dessin au collége d'Albi, né à Narbonne,* élève de Rouanet.

12. Ecce Homo, d'après une gravure de Mignard.
13. Tête de jeune fille, d'après Greuze.
14. Portrait de jeune fille (mine de plomb).

BARTHÉLEMY (Joseph), *à Albi, né à Castelnau-de-Lévis.*

15. Vue d'Albi, prise au bout du pont.
16. Paysage, vue prise des bords du Tarn.

BATTUT, *peintre, à Toulouse,*
rue Boulbonne, 30.

17. La nymphe Salmacis et le fils d'Hermès.

BELENFANT (Dominique), *directeur du télégraphe, à Albi, né à Paris.*

18. Marine, vue prise près de Cancale, par un temps calme (pastel).
19. Marine, vue prise pendant une tempête, à Dahouet (Côtes-du-Nord).
20. Église Ste-Cécile d'Albi, (dessin au lavis et à la mine de plomb).
21. Le palais archiépiscopal d'Albi (dessin au lavis et à la mine de plomb).
22. Coup de vent (mine de plomb et grattoir).
23. Trois gouaches (fantaisies).

BENAZECH (Jean), *à Castres,*
rue Henri IV, 2.

24. Vue de Castres, prise sur les bords de l'Agoût.
25. Une matinée dans le Caussels, ruisseau d'Albi.

BOUSQUEL (Marie), *à Albi.*

26. Paysage.
27. Paysage.

CAMBOS (Jules), *né à Castres*, élève de Jouffroy, *à Paris*,

rue Notre-Dame des Champs, 24.

28. La cigale (statuette en bronze).

« La cigale ayant chanté
Tout l'été,
Se trouva fort dépourvue
Quand la bise fut venue. »
Lafontaine.

CAVAYÉ (Élisa), née Desplats, *née à Castres*, élève de M. Valette, *à Bordeaux*,

rue Ste-Foi, 18.

29. Saint Jean, d'après Le Poussin.
30. Saint Bruno, d'après Lesueur.
31. La sépulture d'Atala, d'après Girodet.

CASTERA (Jacques), *peintre sur porcelaine, à Toulouse*,

rue Donne-Coraille, 22.

32. Plat ovale, destiné à être monté en guéridon, représentant Louis VII, se rendant en Palestine.
33. Plat rond, pour être également monté en guéridon, représentant un sanglier poursuivi par des amours et des chiens. Le tout mis en relief à l'aide de la gravure sur porcelaine, par un procédé de l'invention de l'auteur.

CAZALS (Eusèbe).

34. La tasse cassée.
35. L'heureuse mère.

CHALONS (Paul), *peintre-verrier, né à Castera-Verduzan (Gers)*, élève de M. Garripuy, conservateur du musée de Toulouse, *à Toulouse*,
* allée Bonaparte, 16.

36. Le roi David (vitrail).
37. Sainte Marie-Égyptienne (vitrail).
38. Saint Ignace de Loyola; la veillée d'armes (vitrail exécuté d'après les dessins de M. Bernard Benezet).
39. Le Christ au jardin des oliviers (vitrail).

COMBY (Jean), *né et domicilié à Toulouse*, élève de Latour, paysagiste.
40. Paysage (effet du soir).
41. Paysage (effet du soir).
42. Paysage (effet du soir).
43. Paysage (effet d'automne).

COULON (Paul-Frédéric-Léo), *capitaine au 40e de ligne, à Melun, né à Castres*, élève de Jules Didier.
44. Paysans romains poursuivis par des buffles.
45. St-Pierre de Rome, le fort St-Ange et le Tibre.
46. Campagne romaine.
47. Bords du Tibre (fusain).
48. Bords de l'Arno ou Taverone (fusain).

CROUZET (Achille-Edouard-Henri-Auguste), *à Lisle d'Albi, né à St-Esprit-lès-Bayonne (Landes).*
49. Chevrier, vue prise des environs de Lisle.

50. Le chasseur diligent.
51. Vaches, d'après Brascassat.
52. L'abreuvoir (le matin).
53. Paysage (soleil couchant).
54. Vue prise dans les Landes.
55. Types italiens.
56. Zouave à l'affût, d'après une lithographie du tableau de Lepipre.
57. En serons-nous, Sire ? — (copie).

D.... (C.), *d'Albi.*

58. Intérieur de la cathédrale Ste-Cécile d'Albi, (partie du chœur).
59. Paysage, vue des Planques; pont de Jautzou.

DARTIGUES, *frères, fondeurs, à Toulouse,*
rue Faubourg Arnaud-Bernard, 58.

60. Faune dansant (statuette en bronze).
61. Chien dogue (statuette en bronze).
62. Jean qui rit (buste, bronze).
63. Huit médaillons en bronze, d'après David d'Angers : Homère, Lamennais, Raspail, Cavaignac, Géricault, Chateaubriand, Béranger, le maréchal Pérignon.
64. Louis XVIII (médaillon, bronze argenté).

DENIS (Pierre), *né à Sarlat (Dordogne),*
élève de Roques, père, *à Toulouse,*
place St-Barthélemy, 10.

65. Vénus et l'amour.
66. Un satyre et une bacchante.

DÈZES (Emmanuel), d Toulouse, né à Lisle d'Albi.

67. Une vierge.
68. Paysage.
69. Paysage.
70. Paysage.
71. Paysage.
72. Nature morte (fruits).
73. Nature morte (fruits).
74. Nature morte (marée et comestibles).
75. Nature morte (marée et comestibles).

DOUZIL (Henri), à Nîmes,
rue St-Antoine, 7.

76. Fantaisie.
77. Sujet tiré de la ballade à la lune :

> C'était dans la nuit brune,
> Sur le clocher jauni,
> La lune,
> Comme un point sur un I....
>
> (Alfred de Musset).

DOZE (Jean-Marie-Melchior), né à Uzès, élève de Joseph Felon, à Nîmes,
boulevard du Grand-Cours, 21.

78. Sainte Élisabeth de Hongrie faisant l'aumône.
79. Folle et sage.

DROUARD (Edouard), né à Paris, habitant à Mazamet.

80. Plateau pour verre d'eau, en cuivre, repoussé au marteau et ciselé.

DUPUY, *greffier du tribunal civil, à Albi.*

81. L'antiquaire (copie).

DUSTON (BENJAMIN), *à Lavaur, né à Toulouse,* élève de REMOND et de STEUBEN.

82. Souvenir de Népi.
83. Les Martigues (marine).
84. Une briqueterie.
85. Les paysans de la campagne romaine (fusain).
86. Le bord du Tibre (fusain).
87. Une forêt (fusain).

ENGALIÈRES (JOSEPH), *né à Marseille*, élève de LOUBON et de Marius ENGALIÈRES, *à Toulouse,*
rue Raymond VI.

88. Panneau décoratif (fleurs).
89. Vue de la vallée de Lapique (Luchon) (gouache)
90. Saint Philippe (fresque exécutée sur mortier frais).

ESCOT (CHARLES), *né à Gaillac,* élève de PRÉVOST, *à Toulouse,*
rue Pharaon, 33.

91. Sainte Rose de Lima, tableau destiné à l'église St-Pierre, de Gaillac.
92. Portrait du père de l'auteur (peint à l'huile).
93. Portrait de Mme E... (pastel).
94. Portrait de M. Prévost, d'après un portrait peint à l'huile (pastel).
95. Portrait de M. L... (pastel).

96. Portrait de Mme L.., (pastel).
97. Portrait de M. F... (pastel).
98. Portrait de M. X... (pastel).

ESPINASSE, *sculpteur, à Albi.*

99. Une vierge, statue en plâtre.

FAURE (MARGUERITE-AMÉLIE), *à Toulouse, née à Limoges,* élève de MM. PRATVIEL et PRÉVOST.

100. Effet de lampe.

GAVARRET (THÉODORE DE), *vice-président de l'Alliance des Arts de Toulouse, à Toulouse,*
rue Deville, 11.

101. Environs du château de Montespan.
102. La vallée de la Neste (landes de Pinas).
103. Vue prise près de St-Martory.

GESTA (H.-VICTOR), *peintre-verrier, à Toulouse,*
rue du Faubourg Arnaud-Bernard, 23.

104. Sainte Germaine de Pibrac, verrière style du XIXe siècle, en verres peints et gravés.

HEYBRARD (EMILE), *de Toulouse,* élève de l'école des Beaux-arts de Toulouse.

105. Marée montante, aquarelle d'après Delacroix.

IRAY (Edmond), *peintre, à Toulouse,*
rue Boulbonne, 30.

106. Promenade, scène italienne du xvie siècle.

LABOR (Charles), *né et domicilié à Béziers.*

107. De Sommo sierra à Cabanillas, route de Madrid (Espagne). (Effet de lune).
108. Prairies communales de Tournus (Saône-et-Loire). (Appel des troupeaux avant la rentrée).
109. La mare aux canards, vue prise près St-Pons (Hérault).

LACAVALERIE (Ernest), *à Toulouse, né à Montauban,* élève de M. Th. De Gavarret.

110. Après la pluie (paysage).
111. La garenne (paysage).

LACOMBE (L.-J. De), *de Gaillac.*

112. Tableau de famille.
113. La mort du père de famille.
114. Portrait en pied.
115. Entrée de François Ier à Gaillac.
116. Fête à Gaillac, sur le Tarn.

LACOSTE (Antoine), *né et domicilié à Toulouse,* élève de l'école des Beaux-Arts de cette ville.

117. La joueuse de vielle.
118. Le retour au village.
119. Souvenir des bords de la Save (Gers).
120. Paysage (effet du soir).

LAHONDÈS-LAFIGÈRE (Jules De), *à Pamiers, né à Albi,* élève de Latour.

121. Ancienne place Ste-Cécile d'Albi (dessin à la mine de plomb).
122. Vue d'Albi, prise sur les bords du Tarn (dessin à la mine de plomb).

MARTRIN-DONOS (le vicomte De), *aux Bruyères (Tarn).*

123. Un cavalier, d'après Alfred de Dreux.
124. Saint Antoine de Padoue (copie).
125. Religieuse à l'orgue (aquarelle), (copie).

MENGAUD (Lucien), *né à Lavaur, à Toulouse,*
rue des Lois, 27.

126. Un soleil levant, au mois de septembre.
127. Fleurs des prés.
128. Promenade dans le parc.

MENOU (De), *statuaire, à Toulouse,*
rue St-Jacques, 1.

129. Couple de bassets (groupe en plastique).
130. Couple de chiens courants, demi-sang Saintonge et Gascogne (groupe en plastique).

MÉRICANT (Louis) fils, *à Toulouse,*
rue de la Pomme, 23.

131. Un baldaquin, ivoire sculpté guilloché, avec la statue de Clémence Isaure.

132. Une vitrine, bijoux, ébène et tabletterie ivoire.

MOISSON-DESROCHES (Elise), *née à Rodez,* élève de Couture, *à Paris,*
rue Capelle, 20.

133. Intérieur ; une femme nettoyant des légumes (effet de soleil).
134. Paysage, vue prise sur la route de Saint-Lo (Normandie).

MONTESQUIOU DE LABOULBÈNE (Louis De).

135. Paysage, dessin à la plume.
136. Paysage, dessin à la plume.

NELLI (Edouard), *né à Tarbes,* élève de Joseph Nelli, *à Albi,*
route de Lacaune, 62.

137. La Vierge et l'Enfant Jésus, sculpture en pierre.
138. Le Christ au tombeau, entouré des disciples et des saintes femmes. — Réduction du groupe de statues de la chapelle St-Jacques, de Monestiés.

OULIAC (François-Marie), *architecte au chemin de fer du Midi, né à Toulouse,* élève de l'école des Beaux-Arts de cette ville, *à Castres,*
rue du Chemin-Vert.

139. Etude d'un théâtre à construire dans la ville de Castres, sur l'emplacement de l'ancienne halle (huit feuilles).

PALEVILLE (Auguste De), *à Sorèze, né à Albi,* élève de Sieurac, professeur au collége de Sorèze.

140. Paysage (environs de Lampy).
141. Paysage (environs de Lampy).
142. Paysage (vallée de Durfort).
143. Paysage (vallée de Durfort).
144. Paysage (environs de Sorèze).
145. Paysage (environs de Sorèze).

PERROT (Adolphe), *né à Nîmes,* élève d'Alexandre Colin, *à Toulouse,*
rue du Sénéchal, 10.

146. Les apprêts d'un déjeûner sur l'herbe.
147. Portrait (étude) de M. R... maire de Paradou (Bouches-du-Rhône).
148. Portrait de M. V. L...

PONTHUS-CINIER (Antoine), *à Lyon,*
place Montazet, 1.

149. La tour de Claix (Dauphiné).
150. Pont antique (Lyonnais).

RAYNAL (De), *ingénieur en chef des ponts et chaussées en retraite, à Toulouse, officier de la Légion d'honneur.*

151. Vue d'Avignonet (Haute-Garonne) (gouache).
152. Effet du matin sur les côtes du Roussillon (gouache).
153. Les rochers du pont de Mousquère, à Luchon (gouache).

154. Brick-goëlette échouée sur les côtes de Cette (gouache).

RÉLIN (EUGÈNE-PIERRE-NAPOLÉON), *né à Béziers*, élève de Charles JALABERT, *à Nimes,*
Grand-Cours, 6.

155. Lion du Cap de Bonne-Espérance au repos.
156. Sorcière dans son antre (effet de lumière).
157. La ballade des deux archers, sujet tiré des œuvres de Victor Hugo.
158. Une embuscade au XVIe siècle (eau forte).
159. Cartes de visite (eau forte).

RICARD (ELISÉE), *à Vabre.*

160. Filature hydraulique de cotons de MM. Loup, cousins, et Mialhe, à Vabre ; plans en relief à 5 millimètres par mètre.

SALABERT (FIRMIN), *né à Gaillac*, élève d'Ingres, *à Paris,*
boulevard Montmartre, 16.

161. Le lac d'Annecy, près de Talloire.
162. Congrès de maraudeurs, en partage du butin après la maraude.
163. Une rue d'Annecy.
164. Ruines du château de Saint François de Salles, à Lathuille.

SERRES (HIPPOLYTE), *né et domicilié à Castres,* élève d'ALAUX, de Bordeaux.

165. L'Annonciation, d'après une ancienne peinture.

166. Petits oiseaux morts et fruits.
167. Le chevreau mourant.
168. La veuve.

TEYSSONNIÈRES (Pierre-Salvi-Frédéric), *né à Albi, à Bordeaux.*

169. Le chemin de la forêt.
170. Le lac.
171. La grange.
172. La mort de Socrate.
173. La Garonne, près Bordeaux (lavis à l'encre).
174. Le marais (lavis à l'encre).
175. La lisière du bois (dessin à la plume).
176. La pêche (dessin à la plume).
177. L'amour (pastel).
178. Un rendez-vous en 93.
179. L'arrestation (sculpture).

TOULOUSE-LAUTREC (Charles de), *à Albi.*

180. Cheval de course (statuette en cire).

VALETTE (Charles-Joseph-Adrien), *professeur de dessin, né et domicilié à Castres,* élève de Paul Delaroche.

181. Vue du vallon de Carmaux (est).
182. Vue du vallon de Carmaux (ouest).
183. Vue d'Ambialet (fusain).
184. Promenade dans le Tarn : collection de dix-huit dessins représentant des sites ou des monuments du département.

VENTOUILLAC (Jacques), élève de l'école des Arts de Toulouse, *à Toulouse*,
grande rue St-Michel, 8.

185. Religieux creusant une tombe (terre cuite).

VIGNAUX (Jean), *de Castres, né à Toulouse.*
186. Saint Jérôme en prières.

II.

PHOTOGRAPHES EXPOSANTS.

BENAZECH (Aristide), *né à Castres, photographe à Toulouse.*
187. Six grands portraits.
188. Deux cadres de portraits-carte.
189. Un cadre de reproductions, d'après la gravure ou l'antique.

BLANC (Jean-Pierre), *né à Lacapelle-Puycelci (Tarn), à Gaillac.*
190. Deux grands portraits *amplifiés*.
191. Trois cadres renfermant des portraits-carte, des vues diverses, des reproductions, etc.

CAYRÉ (Marcelin), *né et domicilié à Réquista (Aveyron).*

192. Six épreuves au collodion sec, reproduction de gravures : la Vierge et l'Enfant, de Raphaël ; — la Judith, de Raphaël ; — La Fermière, par Hamon ; — la Jardinière, par le même ; — La Religieuse en prière ; — Léda.

193. Deux vues de Rodez, d'après nature, prises de l'asile des aliénés et de la place de la Cité.

194. Deux épreuves au collodion humide, application de la photographie à la médecine : 1° Démence et goître ; hallucination de la vue ; 2° Crétinisme et goître, amaurose. — Ces épreuves ont été faites instantanément, à l'ombre, et à l'insu des sujets.

LACOMBE (L.-J. De) *de Gaillac.*

195. Six portraits.

MARC (Th.), *photographe à Castres.*

196. Huit cadres de photographies ; portraits.

MAUGIS (Jean-Nicolas-Ferdinand), *né à Troyes (Aube), à Albi,*
rue St-Martin.

197. Cadre de portraits. — Vue du portail de l'église St-Michel de Lescure. — Un cavalier, épreuve faite instantanément.

PROMPT (Honoré), *né à Macon, à Albi,*
Lices du Nord.

198. Pont en contruction sur le Tarn, à Albi.
199. La cathédrale d'Albi.
200. Pont du chemin de fer, à Albi.
201. Quatre vues des bords du Tarn, dans Albi.
202. Portrait mi-corps et grandeur nature, agrandi d'après un cliché-carte.
203. Reproduction de gravures : le Décameron, d'après Winterhalter ; la belle Jardinière, d'après Raphaël.
204. Un cadre de douze cartes de visite.
205. Un cadre d'épreuves stéréoscopiques.

PROVOST (Joseph), *photographe à Toulouse,*
rue de la Pomme, 64.

206. 1° Un portrait d'homme en pied, grandeur nature ; 2° Portrait de femme, id. ; 3° Deux portraits en buste, grandeur nature ; 4° diverses photographies sur émail.

TRANTOUL (Amédée), *à Toulouse,*
rue Louis-Napoléon, 15.

207. Photographies de diverses dimensions : portrait amplifié, reproductions d'œuvres d'art.

III.

LITHOGRAPHIES ET PHOTOGRAPHIES

de SUDRE (JEAN-PIERRE), *né à Albi, lithographe, à Paris,*
quai Conti, 11.

208. La chapelle Sixtine, d'après Ingres.
M. Carme, Benjamin, d'Albi.

209. Quatre lithographies, épreuves avant la lettre: Christ en Croix; Œdipe et le Sphinx, d'après Ingres; Angélique enchaînée à un rocher, d'après le même; portrait de Chauveau-Lagarde, d'après Roullard.
M. Louis Sudre, avoué à Toulouse.

210. Quatre photographies exécutées par Sudre sur ses dessins : la chapelle Sixtine, d'après Ingres; la Vierge à la Chaise, d'après Raphaël; *Ecce Homo*, d'après Guido Reni; l'Innocence, d'après Greuze.
M. Louis Sudre, avoué à Toulouse.

211. La Commission a placé près de l'œuvre de SUDRE, le tableau des travaux linguistiques de feu François Sudre, frère de cet artiste, et qui, comme lui, est né à Albi.

IV.

ŒUVRES DE PEINTURE ET DE SCULPTURE

EXPOSÉES PAR DES AMATEURS.

École allemande.

DIETRICH.

212. Mendiants.
M. Henri Bray, négociant, à Albi.

AUTEURS INCONNUS.

213. L'adoration des bergers.
214. Le Portement de Croix.
M. Flad, brasseur à Albi.

Ecole espagnole.

MURILLO.

215. Saint Antoine, attribué à Murillo par le propriétaire.
M. Flad, brasseur à Albi.

HERRERA (le vieux).

216. Saint Jérôme (Tête).
M. Victor Doat, à Albi.

AUTEURS INCONNUS.

217. Sainte famille.
>M. *Victor Doat*, *à Albi.*

218. Moine en prière.
>M. *le baron de Rivières, à Albi.*

219. Corbeille de fleurs.
220. Corbeille de fleurs.
>M. *Flad, brasseur à Albi.*

221. Tête de Christ, sur cuivre.
>M. *De Lapanouse, à Albi.*

École flamande.

BLARENBERGH.

222. Deux paysages (médaillons).
>M. *Navas, à Albi.*

FRANCK.

223. Le Christ et la Femme adultère.
>M. *Gisclard, ancien député, à Albi.*

MEULENER.

224. Paysage avec personnages.
>M. *Gisclard, ancien député, à Albi.*

MIEL (Jean).

225. La paye des vendangeurs.
M. Victor Doat, à Albi.

OVERLAET.

226. La Sainte Face. Dessin à la plume exécuté d'un seul trait, en spirale, d'après le genre de gravure de Mellan.
M. Jolibois, archiviste, à Albi.

SWANEVELT (Hermann).

227. Moïse sauvé des eaux.
M. Victor Doat, à Albi.

TILLEBORG.

228. Scène de buveurs.
M. Victor Doat, à Albi.

AUTEURS INCONNUS.

229. La tentation de saint Antoine.
230. L'épreuve.
M. Ricard, Philippe, à Albi.

231. Marine. (Signature illisible).
M. Gisclard, ancien député, à Albi.

232. Saint Antoine.
M. Henri Bray, négociant, à Albi.

233. Nature morte.
> M. Bray, receveur de l'hospice, à Albi.

École française.

ADHÉMAR, de St-Juéry (Tarn).

234. Portrait de femme, miniature sur ivoire.
> M. Papailhiau, à Albi.

BOILLY (Jules).

235. Saint Joseph tenant l'Enfant Jésus, d'après Murillo.
> Mme la baronne de Rivières, à Albi.

BOULANGER (L.).

236. Béatrix, Dante et Virgile (dessin).
> M. le docteur Campmas, à Albi.

BOURGUIGNON (Le).

237. Bataille.
> M. Bermond, maire, à Albi.

BOURGUIGNON, Peintre consulaire de la ville d'Albi (1661).

238. Le martyre de sainte Julienne.
> M. Rossignol-Lagrèze, à Albi.

BRESDIN.

239. Chalet, dessin à la plume.

M. Ravailhe, banquier, à Albi.

BRUANDET.

240. Paysage.

M. Victor Doat, à Albi.

CAMBOS, statuaire, né à Castres.

241. Le maréchal Soult, né à St-Amans (Tarn), buste colossal en plâtre.

La ville d'Albi.

CHARLET.

242. Le désordre dans une école Basque (aquarelle).

M. Victor Doat, à Albi.

CLÉRIAN.

243. Paysage.

M. le vicomte de Martrin-Donos, aux Bruyères.

DAVID (Louis).

244. Junius Brutus (portrait).

M. Victor Doat, à Albi.

DAVID, d'Angers.

245. Portrait de M. Reboul, membre de l'Institut de France (médaillon plâtre).

M. Reboul, professeur, à Albi.

DUPONT.

246. Portrait.

M. Amilhau, négociant, à Albi.

ENGALIÈRES (Marius).

247. Paysages (gouaches).

M. le baron de Rivières, à Albi.

EPINAT, de Lyon.

248. Vue de l'abbaye de Vallombreuse (dessin à l'encre de Chine).

M. Reboul, professeur, à Albi.

FRAGONARD.

249. Paysage (signé).

M. Victor Doat, à Albi.

GALARD (De).

250. Promenade en bateau (aquarelle).
251. Passage du gué (aquarelle).

M. le vicomte de Martrin-Donos, aux Bruyères.

GAUTHÉ.

252. Portrait d'Amans, tailleur et consul de la ville d'Albi; costume consulaire.

M. Amans, propriétaire, à Albi.

GÉLIBERT (Paul).

253. Moutons.

M. Ravailhe, banquier, à Albi.

GENOD.

254. Le père de famille mourant (aquarelle).

M. le vicomte de Martrin-Donos, aux Bruyères.

GERARD (Ed.).

255. Nature morte.

M. Gisclard, ancien député, à Albi.

GÉRICAULT.

256. Postillon à cheval (gouache).

M. le vicomte de Martrin-Donos, aux Bruyères.

GONTIER.

257. Fleurs.

M. Gisclard, ancien député, à Albi.

JOVIN (Aimée).

258. Portrait de femme (miniature).

M. de Livaudey, à Albi.

LACROIX.

259. Marine.

    M. Henri Bray, négociant, à Albi.

LAHIRE (Laurent de).

260. Moïse sauvé des eaux.

    M. Victor Doat, à Albi.

LANCRET.

261. Louis XV à la chasse.

    M. Victor Doat, à Albi.

LANTARA.

262. Paysage.

    M. Victor Doat, à Albi.

LATOUR.

263. Portrait de femme (pastel).

    M. le vicomte de Martrin-Donos, aux Bruyères.

LATOUR (J.).

264. Paysage (mine de plomb).

    M. Bermond, maire, à Albi.

LELEUX (Armand).

265. La servante du peintre.

    M. Bermond, maire, à Albi.

LOUTHERBOURG.

266. Bergerie (dessin rehaussé).
267. Bergerie (dessin rehaussé).

M. Henri Bray, négociant, à Albi.

MARIÉS, ingénieur, à Albi.

268. Vue d'Albi, faite en 1788 (dessin à la mine de plomb).

Mme Frézouls (Salvi), à Albi.

MICHALON.

269. Paysage.
270. Paysage.

M. le docteur Campmas, à Albi.

MIGNARD (Paul).

271. Portrait de Claude Boyer, de l'Académie française, né à Albi, en 1618, mort à Paris, en 1698.

M. le baron de Rivières, à Albi.

PELLEGRY.

272. Les baigneuses.
273. Une forêt.

M. Gaugiran, juge, à Albi.

PILLEMENT.

274. Marine.

M. Victor Doat, à Albi.

PLANSON.

275. Nature morte. — Un lapin et une grive.
276. Amandes et pêches.
277. Figues et raisins.

M. Gisclard, ancien député, à Albi.

RICARD, de Bordeaux.

278. La Vierge et l'Enfant Jésus.

M. Deyres, président du tribunal civil, à Albi.

SCHEFFER (Henri).

279. Portrait de M. le baron Léon Désazars.

M. Désazars, substitut du Procureur impérial, à Albi.

SOULIÉ, de Toulouse.

280. Paysage.

M. Dupuy, greffier du tribunal civil, à Albi.

281. Quatre vues d'Albi (mine de plomb).

M. Boyer (Paul), négociant, à Albi.

SUBLEYRAS.

282. Descente de Croix.

M. Victor Doat, à Albi.

URICH.

283. Marine. (Lacco, île d'Ischia).

M. Gisclard, ancien député, à Albi.

VANLOO (Jean-Baptiste).

284. Les âmes du Purgatoire.
Mme Reboul, à Albi.

VERNET (Joseph).

285. Marine.
M. Bray, receveur de l'hospice, à Albi.

AUTEURS INCONNUS.

286. Scène d'intérieur, d'après Schenan.
287. Chasse.
288. Chasse.
289. Paysage.
290. Fleurs.
M. Gisclard, ancien député, à Albi.

291. Jean-François Galaup de Lapérouse, né à Albi : portrait miniature, donné par Lapérouse à sa femme.
M. le baron De Gouttes-Lagrave, à Albi.

292. Portrait de Mme de Lapérouse (médaillon).
M. Prunet, adjoint au maire, à Albi.

293. Tête de jeune fille.
M. le vicomte de Martrin-Donos, aux Bruyères.

294. Christ en Croix (peinture sur cuivre).
295. La Vierge (sur bois).
296. Le Sauveur du Monde (sur bois).
M. Guy, propriétaire, à Albi.

297. Marine.
>M. Bermond, maire, à Albi.

298. Tête de Vierge.
>M. Henri Bray, négociant, à Albi.

299. Le passage du pont.
300. Les Bergers au repos.
301. Paysage.
>M. Flad, brasseur, à Albi.

302. Louis XV, enfant (portrait).
303. Scènes galantes (deux peintures sur parchemin).
>M. le baron de Rivières, à Albi.

304. Portrait de femme (miniature sur ivoire).
>M. Baurens, à Albi.

305. La Musique et la Conversation (deux petites gouaches).
>M. Louis de Rivières, capitaine de vaisseau en retraite, à Albi.

306. Portrait.
307. Portrait.
>M. Amilhau, négociant, à Albi.

308. Portrait de Guilhaume Leblanc, évêque de Grasse et de Vence, né à Albi.
>M. Audiguier, professeur de dessin, à Albi.

309. Deux portraits en relief, ivoire sur fond noir.
310. Deux médaillons (sujets mythologiques sur ivoire).

M. Gaugiran, propriétaire, à Albi.

311. La place St-Pierre, de Rome (dessin au lavis).

M. Dupuy, percepteur, à Albi.

312. Paysage (sur cuivre).
313. Saint Sébastien (sur parchemin, dans un médaillon en bois sculpté).

M. Charles Paliés, à Albi.

314. Sainte-Famille (peinture sur parchemin).

M. le docteur Cassan, à Albi.

315. Figure emblématique de la mort (peinture sur parchemin, du xviie siècle, avec cadre en cuivre ciselé.
316. Sainte Famille (peinture sur parchemin, avec cadre en cuivre ciselé).

M. Mallet, fils, à Graulhet.

317. Corbeille de fleurs.

M. l'abbé Espérou, à Albi.

318. Marine, signée C. D.

M. l'abbé Gaule, à Albi.

École hollandaise.

BRACKENBOURG (Renier).

319. La Consultation du médecin.
M. Victor Doat, à Albi.

CAPELLE (Van).

320. Marine.
M. Victor Doat, à Albi.

CUYP (Albert).

321. Paysage avec animaux.
M. Victor Doat, à Albi.

DHOOGHE (Pierre).

322. Intérieur.
M. Victor Doat, à Albi.

FRANCK FLORE.

323. Sainte Famille.
M. Victor Doat, à Albi.

GOWRAWS (François).

324. Portrait de famille.
M. Andorre (Alexandre), à Albi.

HEEM (David De).

325. Nature morte.
>M. *Victor Doat*, à *Albi*.

MABUSE.

326. Un enfant mangeant des cerises.
>M. *Victor Doat*, à *Albi*.

METZU.

327. Intérieur.
>M. *Victor Doat*, à *Albi*.

MOUCHERON.

328. Paysage.
>M. *Victor Doat*, à *Albi*.

RUYSDAEL.

329. Paysage.
>M. *Victor Doat*, à *Albi*.

SAFT-LEVEN.

330. Paysage.
>M. *Victor Doat*, à *Albi*.

SPAENDONCK.

331. Tableau de Fleurs (signé).
>M. *Gisclard, ancien député*, à *Albi*.

TOL (Dominique Van).

332. Scène d'intérieur.

M. Victor Doat, à Albi.

VOYS (Ary De).

333. Portrait d'un Anabaptiste.

M. Victor Doat, à Albi.

WELDE (Adrien Van den).

334. Animaux.

M. Victor Doat, à Albi.

WITHOOS (Alida).

335. Fleurs.
336. Fleurs.

M. Gisclard, ancien député, à Albi.

WŒNIX (Baptiste).

337. Port de mer.

M. Victor Doat, à Albi.

AUTEUR INCONNU.

338. Tabagie.

M. Gaugiran, juge, à Albi.

École Italienne.

BRACCI (Luigi).

339. Lutte d'Apollon et de Marsyas (gouache).

M. Charles Paliés, à Albi.

BRINDESI (Jean), né à Constantinople.

340. Caïque, embarcation, vue prise du Bosphore (aquarelle).
341. Araba, voiture turque (aquarelle).

M. Louis de Rivières, capitaine de vaisseau en retraite, à Albi.

CANALETTO.

342. Vue de l'église Ste-Marie della Salute, à Venise. (Tableau nouvellement restauré par M. Cazals, peintre à Toulouse).

La ville d'Albi.

CARRACHE (Annibal).

343. Le Baptême.

M. Reboul, professeur, à Albi.

344. La Descente de Croix.

M. Charles Paliés, à Albi.

CASTIGLIONE (Benedetto).

345. Le départ de Jacob de chez Laban.

M. Victor Doat, à Albi.

CORTONE (Pierre De).

346. Jeune fille (tête).

M. Victor Doat, à Albi.

KAUFFMANN (Angelica).

347. Portrait de M. Reboul, membre de l'Institut de France.

M. Reboul, professeur, à Albi.

MARIN, Chevalier romain.

348. Groupe en terre cuite (1792).

M. Reboul, professeur, à Albi.

MONTE-VERDE.

349. L'Assomption (signé).

M. Boyer (Paul), négociant, à Albi.

RAPHAEL.

350. Vierge.

Mme Reboul, à Albi.

SARTE (André Del).

351. L'Adoration des Mages (sur cuivre).

M. Charles Paliés, à Albi

SIMONE De PESARO.

352. Repos de la Sainte Famille.

M. le vicomte de Martrin-Donos, aux Bruyères.

TREVISANI (École de).

353. L'Adoration des Mages (sur bois).
354. L'Adoration des Bergers (sur bois).

L'Église de Cambon d'Albi.

ZUCCHARO (Tadeo).

355. L'Assomption de la Vierge. (Esquisse du tableau qui est conservé dans l'église de la Trinité, à Rome).

M. Jolibois, archiviste, à Albi.

AUTEURS INCONNUS.

356. La mise en Croix.

M. le baron Tridoulat, à Albi.

357. La Vierge, l'Enfant Jésus et saint Jean (sur cuivre).

M. Rivières, conducteur des ponts et chaussées, à Albi.

358. Le Repos en Egypte.
359. Jésus et les Docteurs.
360. Jésus et la Samaritaine.
361. Adoration des Mages.
362. Sainte Elisabeth et la Vierge.
363. La Vierge et l'Enfant Jésus.
364. Sainte Famille.
365. Tête de jeune homme.

M. l'abbé Espérou, à Albi.

V.

GRAVURES ANCIENNES.

BASSET.

366. Portraits de Bailly et de Necker. — Les trois ordres sous le niveau. — 3 pièces.
M. Bray, receveur de l'hospice, à Albi.

BELLAY.

367. Vierge d'après Raphaël (épreuve avant la lettre, tirée sur papier de Chine).
M. Jolibois, archiviste, à Albi.

BERNARD (Salomon), dit le *Petit-Bernard*.

368. *Thesaurus amicorum.* Recueil de 388 encadrements d'arabesques, dont 32 différents; — à la suite : *Insignium aliquot virorum icones* (Lyon 1569). — Ce recueil n'est porté sur aucun des catalogues de l'œuvre du Petit-Bernard.
M. Jolibois, archiviste, à Albi.

BOISSIEU (J.-J. De).

369. Le charlatan, d'après Karel Dujardin.
370. Le petit maître d'école.

371. Enfants jouant avec un chien.
372. Des paysans se reposant au coin d'un bois.
M. Jolibois, archiviste, à Albi.

BONATO VENETO (Pietro).

373. La sainte Famille, d'après le Corrège.
M. Bertrand, secrétaire de la mairie, à Albi.

BREUGHEL (Pierre).

374. Tableau des sept vertus théologales (suite de sept gravures) (1559).
M. Jolibois, archiviste, à Albi.

BRY (Théodore De).

375. Sujet biblique.
M. Jolibois, archiviste, à Albi.

CALLOT (Jacques).

376. La grande place de Nancy.
M. Jolibois, archiviste, à Albi.

CARRACHE (Augustin).

377. Portrait du Titien.
M. Jolibois, archiviste, à Albi.

CHASTILLON (L. De).

378. Le sacrement de Confirmation, d'après le Poussin.
M. Maignal, à Albi.

CHÉREAU (J.-J.).

379. La mise en croix, d'après Rubens.
M. Campmas, juge, à Albi.

COQUERET.

380. Junius Brutus, d'après les dessins de Lothière.
M. Jolibois, archiviste, à Albi.

CUNEGO.

381. Portrait du pape Pie VI.
382. Portrait du pape Pie VII.
M. le baron de Rivières, à Albi.

383. Portrait du cardinal de Bernis, archevêque d'Albi, d'après A. Callet.
M. Bertrand, secrétaire de la mairie, à Albi.

DEMARNE (JEAN-BAPTISTE).

384. Figures de la Bible, contenues en 500 tableaux, gravés d'après les dessins de Raphaël et des plus grands maîtres (Paris, Claude Hérissant, 1767, in-4°).
M. Ch. Paliès, à Albi.

DEMARTEAU (GILLES).

385. Lycurgue, blessé dans une émeute excitée par les riches, à Sparte. — Gravure, au trait rouge, d'après N. Cochin (avant la lettre).

386. Portrait d'artiste, au trait rouge, signé Carle Vanloo.

M. Jolibois, archiviste, à Albi.

387. Etude d'enfant, d'après Jean-Baptiste Bouchardon, au trait rouge.

M. Rolland, menuisier, à Albi.

DREVET (Pierre).

388. Portrait de la duchesse de Nemours.
389. Portrait de M. de Beringhen.

M. Jolibois, archiviste, à Albi.

DUPONT (Henriquel).

390. Mirabeau à la tribune, d'après Paul Delaroche.
391. Molière, d'après Ingres.

M. Deyres, président du tribunal, à Albi.

DURER (Albert).

392. Sainte Geneviève.
393. Sainte Famille (1504).
394. Vierge allaitant (1512).

M. Jolibois, archiviste, à Albi.

EDELINCK (Gérard).

395. Portrait de Charles Ier, roi d'Angleterre, d'après le tableau de Van-Dyck.

M. Jolibois, archiviste, à Albi.

ELLIOT (William).

396. La chasse au sanglier, d'après Pillement.
397. Le retour de la pêche, d'après Pillement.

M. le baron de Rivières, à Albi.

FIQUET (Etienne).

398. Portrait de Louis Chaubert, abbé de Ste-Geneviève.
399. Portrait de l'Arioste, d'après le tableau du Titien et le dessin d'Eisen.
400. Portrait du comte de Harcourt, d'après Nic. Mignard.

M. Jolibois, archiviste, à Albi.

FLIPART, LEBAS et TARDIEU.

401. Atlas renfermant les planches gravées qui représentent les fêtes données par la ville de Paris à l'occasion du mariage du Dauphin (1745-1747).

M. l'abbé Espérou, à Albi.

GALLE (Théodore).

402. Le tableau des vicissitudes humaines (suite de neuf gravures), d'après Martin Van Heemskerck.
403. Les trois ordres (suite de quatre gravures), d'après le même.
404. *Homo carnalis et anima*, l'âme et la matière (suite de quatre gravures).

405. *Litis abusus*, l'homme processif (suite de six gravures).

        M. Jolibois, archiviste, à Albi.

HONDIUS (Henri).

406. Les quatre saisons (suite de quatre gravures) (1604).

        M. Jolibois, archiviste, à Albi.

JAZET.

407. Le serment du jeu de paume, d'après Louis David (lettre grise).

        M. Bertrand, secrétaire de la mairie, à Albi.

LAURENT (A.).

408. Le pasteur galant et le pasteur complaisant, deux pièces d'après F. Boucher.

        M. le docteur Cassan, à Albi.

Lebas, voyez n° 401.

LEU (Thomas de).

409. Portrait de Gabrielle d'Estrées, marquise de Monceaux.

        M. Jolibois, archiviste, à Albi.

LUCAS DE LEYDE.

410. Le sacrifice d'Abraham (gravure sur bois).

        M. Jolibois, archiviste, à Albi.

MARC ANTOINE (Raimondi).

411. David et Goliath.

M. Jolibois, archiviste, à Albi.

MASSARD (Jean).

412. La mort de Socrate, d'après Louis David.

M. Jolibois, archiviste, à Albi.

MASSARD (Raphael-Urbain).

413. Sainte Cécile, d'après Raphaël (lettre grise).

M. Jolibois, archiviste, à Albi.

NANTEUIL (Robert).

414. Portrait de Louis XIV, de grandeur nature.

M. Jolibois, archiviste, à Albi.

MORGHEN (Raphael).

415. La Cène, d'après Léonard de Vinci (lettre grise).

Mme la baronne Edmond de Rivières, à Albi.

416. La Force, la Prudence et la Tempérance, figures allégoriques, d'après Raphaël.

M. Dupuy, percepteur, à Albi.

PANDEREN (Egbert Van).

417. *Quatuor diei partes*, les quatre parties du jour (suite de quatre gravures), daprès Tobie Verhœcht.

M. Jolibois, archiviste, à Albi.

PASSE (Crispin de).

418. *Quatuor christiani orbis monarchœ,* les quatre monarchies chrétiennes (suite de quatre gravures).

M. Jolibois, archiviste, à Albi.

REMBRANDT.
419. La mort de la Vierge (1639).

M. Jolibois, archiviste, à Albi.

RICHOMME.
420. Napoléon, portrait gravé d'après le tableau de Gérard.

M. Jolibois, archiviste, à Albi.

SCHŒN (H. dit le Balois).
421. Le petit tonnelier (xve siècle).

M. Jolibois, archiviste, à Albi.

STIMMER (Tobie).
422. Les nouvelles figures de la Bible (Bâle 1576). — Ce volume a appartenu au savant Richard Brunck, de Strasbourg, et porte sa signature.

M. Jolibois, archiviste, à Albi.

TARDIEU (N.).
423. Bataille de Constantin contre le tyran Maxence, d'après Lebrun.

M. Maignal, à Albi.

VOLPATO (Jean).

424. Le Parnasse, d'après Raphaël (épreuve avant la lettre).
425. Entrevue de saint Léon et d'Attila, d'après Raphaël (avant la lettre).
426. Héliodore chassé du temple, d'après Raphaël (avant la lettre).
M. Bertrand, secrétaire de la mairie, à Albi.

427. Les Sibylles, d'après Raphaël.
Mme la baronne Edmond de Rivières, à Albi.

428. Scènes d'intérieur (suite de six gravures).
M. Baurens, à Albi.

VOSTERMANN (Lucas).
429. Portrait de Tilli.
M. Jolibois, archiviste, à Albi.

WIERX (Jérôme).
430. *Quatuor diei partes quatuor œtatibus hominis comparatæ,* les quatre âges de la vie comparés aux quatre parties du jour (suite de cinq gravures).
M. Jolibois, archiviste, à Albi.

AUTEURS INCONNUS.
431. *Histoire de la vie et passion de nostre savveur Iésus Christ, avec les figures* (à Paris chez Nicolas Belley, 1693).
M. Teyssonnières, de Bordeaux.

432. *La vraye science de la portraiture decrite et demontrée par maître* JEAN COUSIN, *peintre geometricien tres-excellent.* — (Lyon, 1698).

M. Teyssonnières, de Bordeaux.

433. Mercure et l'Amour (gravure avant la lettre).

M. Henri Bray, négociant, à Albi.

434. La Transfiguration, d'après Raphaël.

M. le docteur Cassan, à Albi.

435. Les quatre saisons (gravures allemandes, du XVIIIe siècle, coloriées).

M. le docteur Cassan, à Albi.

436. Cuivre gravé (portrait de Jean-Félix-Henri de Fumel, évêque de Lodève).
437. Autre cuivre (armoiries).

M. Rigaud, ferblantier, à Albi.

438. Henry de Rochegude, contre-amiral, né à Albi.

La ville d'Albi.

IIᵉ PARTIE.

ARCHÉOLOGIE & CURIOSITÉS
DIVERSES.

I.

ANTIQUITÉS CELTIQUES, ROMAINES ET FRANQUES.

439. Hachette celtique, en pierre, trouvée à St-Sulpice (Tarn).
Archives départementales.

440. Deux hachettes celtiques, en pierre.
M. le marquis de Voisins, au château de Lestar.

441. Une hachette celtique, en pierre.
M. le docteur Cassan, à Albi.

442. Quatre hachettes et trois autres objets en bronze, trouvés au Castelviel d'Albi, en 1865.
La ville d'Albi.

443. Tête de femme, style Egyptien, marbre blanc, trouvée à Pompeï, et ayant servi de presse-papier à Châteaubriand.
Mme *la vicomtesse de Vesins, à Albi.*

444. Tête de Jupiter, trouvée à Rambouillet (marbre blanc).
Mme *la vicomtesse de Vesins, à Albi.*

445. Tête en marbre blanc de l'empereur Auguste, trouvée à Albano, près Rome.
M. Gustave de Clausade, à Rabastens.

446. Tête en marbre blanc de Néron, enfant, Prince de la jeunesse.
M. Gustave de Clausade, à Rabastens.

447. Poterie gallo-romaine, trouvée à Montans : on remarque dans ce groupe détaché de la collection de M. Élie Rossignol, plusieurs moules ; des fragments de vases ornés de figures d'hommes et d'animaux, ou de fleurs et de fruits; des tasses de diverses formes, en terre de Samos ; des lampes, etc. — La plupart de ces objets portent la marque du potier.
M. Elie Rossignol, à Montans.

448. Trois poids en terre, trouvés à Montans.
Archives départementales.

449. Un antefixe en terre, trouvé à Montans.
Archives départementales.

450. Objets gallo-romains trouvés à Lavène, près d'Albi, dans un ancien cimetière : deux vases en terre, un anneau, un bracelet en fer, un bracelet en bronze, très commun, avec son fermoir; cinq grandes épingles à cheveux de formes différentes; trois épingles ordinaires; un cure-oreille et cure-dent; une épingle à tunique; quatre boutons et d'autres objets dont la destination est inconnue. Tous les objets en bronze sont recouverts de leur patine.

M. le docteur Cassan, à Albi

451. Objets gallo-romains en bronze, trouvés à Castelnau-de-Lévis : un bracelet, quatre épingles à cheveux de différentes formes et un cure-dent. Tous ces objets recouverts de leur patine.

M. le docteur Cassan, à Albi.

452. Dessin de la mosaïque découverte à Giroussens, en 1862 (trois feuilles).

Archives départementales.

453. Fragments gallo-romains trouvés à Giroussens, près de la mosaïque découverte sur le territoire de cette commune, en 1862.

Archives départementales.

454. Objets antiques en bronze, trouvés près

de Vielmur : deux anneaux et un triangle de fronde ; la destination des autres objets est inconnue.

Archives départementales.

455. Curieux fragment de poterie gallo-romaine rouge, avec un échantillon de la terre qui servait à la fabrication, trouvé près de Lombers.

Archives départementales.

456. Amphore gallo-romaine, trouvée près de Lautrec.

Archives départementales.

457. Petit vase gallo-romain en terre, trouvé dans l'ancien cimetière St-Julien, à Albi.

Archives départementales.

458. Médailles et divers fragments antiques, trouvés en faisant les fondations de la maison Pontié, place du Vigan, à Albi.

Archives départementales.

459. Deux objets en fer, trouvés à St-Sulpice et dont l'attribution est inconnue.

Archives départementales.

460. Une petite lampe romaine, bronze.

M. le marquis de Voisins, au château de Lestar.

461. Style en bronze.
M. le marquis de Voisins, au château de Lestar.

462. Une torsade romaine, en or, avec fils d'or battus.
M. le marquis de Voisins, au château de Lestar.

463. Deux clefs, bronze.
M. l'abbé Espérou, à Albi.

464. Un fer de lance, en bronze, trouvé à Montans.
M. Elie Rossignol, de Montans.

465. Miroir.
M. le docteur Cassan, à Albi.

466. Cinq vases étrusques.
M. l'abbé Espérou, à Albi.

467. Deux sonnettes en bronze.
M. le docteur Cassan, à Albi.

468. Deux lampes, poterie grise, et fragment d'une troisième.
M. l'abbé Espérou, à Albi.

469. Vase gallo-romain, en argile blanche, trouvé à Rivières en 1861.
470. Vase gallo-romain, en terre rouge de Samos, trouvé à Rivières en 1861.
M. le baron de Rivières, à Albi.

471. Dessin, au lavis, d'une mosaïque gallo-romaine trouvée à Rivières en 1846.

M. le baron de Rivières, à Albi.

472. Fiole lacrymatoire en verre, trouvée à Rivières en 1861.

M. le baron de Rivières, à Albi.

473. Fibule franque, trouvée à Rivières en 1856.

M. le baron de Rivières, à Albi.

474. Une boucle mérovingienne, en bronze ; une pince à épiler ; une agrafe ; un couteau en fer avec manche en bronze, objets trouvés dans l'ancien cimetière de l'église St-Salvi, à Albi.

M. le docteur Cassan, à Albi.

475. Une boucle, bronze, guillochée, trouvée au Bout du Pont d'Albi.

M. le docteur Cassan, à Albi.

476. Une boucle de ceinturon, en bronze, trouvée à Castelnau-de-Lévis, dans un tombeau.

M. le docteur Cassan, à Albi.

477. Fragments d'antiquités diverses : mosaïque, statuettes, etc., rapportés de Rome.

M. l'abbé Espérou, à Albi.

478. Fragments de verre antique, campagne de Rome.
M. l'abbé Espérou, à Albi.

II.

NUMISMATIQUE,

sceaux, poids inscrits, pierres gravées.

479. Onze médailles grecques, romaines et gauloises, en or.
M. le marquis de Voisins, au château de Lestar.

480. Vingt médailles romaines, moyen bronze.
M. le marquis de Voisins, au château de Lestar.

481. Quinze pièces d'argent, grecques et romaines.
M. le marquis de Voisins, au château de Lestar.

482. Quinze pièces d'argent et de billon.
M. le marquis de Voisins, au château de Lestar.

483. Deux cartons d'empreintes de médailles grecques.
M. Portes, boulanger, à Albi.

484. Vingt-cinq médailles grecques, gauloises et romaines (carton n° 1). On y remarque trois pièces gauloises trouvées à à Castelnau-de-Lévis (Tarn) et qui sont inédites.

M. Portes, boulanger, à Albi.

485. Quatre-vingts médailles romaines (cartons n°^{s} 2, 3, 4 et 5).

M. Portes, boulanger, à Albi.

486. Vingt-six médailles romaines (carton n° 6).

M. Portes, boulanger, à Albi.

487. Trente-trois médailles romaines (carton n° 7).

M. Portes, boulanger, à Albi.

488. Vingt-trois médailles romaines (carton n° 8).

M. Portes, boulanger, à Aloi.

489. Trente-deux monnaies baronnales et jetons: — Raymond VII, comte de Toulouse; évêques d'Albi et de Maguelonne; princes de Béarn, etc. (carton n° 1 bis).

M. Portes, boulanger, à Albi.

490. Vingt-huit monnaies baronnales et jetons : — comtes de Rodez; ducs de Bretagne et de Bourgogne; comtes de Bordeaux, etc. (carton n° 2 bis).

M. Portes, boulanger, à Albi.

491. Vingt monnaies baronnales et jetons. — Deux bulles des papes Clément IV (1265) et Martin IV (1282) (carton n° 3 bis).

M. Portes, boulanger, à Albi.

492. Quarante monnaies baronnales et jetons (cartons n°s 4 bis et 5 bis).

M. Portes, boulanger, à Albi.

493. Trente-deux monnaies françaises, trouvées pour la plupart sur l'emplacement de l'ancien cimetière St-Salvi d'Albi: Charles le Simple, Philippe-Auguste, Louis IX, Philippe le Bel, Louis X, Jean I, Charles IV, Philippe V, Philippe VI, Charles VI, Charles VII, Henri VI, Louis XI, Charles VIII, etc. (carton A).

M. Portes, boulanger, à Albi.

494. Quatre-vingt-dix monnaies ou médailles françaises, depuis le règne de Charles VIII (cartons B, C, D, E).

M. Portes, boulanger, à Albi.

495. Deux pièces de monnaie baronnale, trouvées à Puycelci en 1864.

Archives départementales.

496. Treize pièces, monnaies du Moyen-Age, trouvées à Penne.

Archives départementales.

497. Médaillon, en cuivre doré, du pape Innocent XI, avec bordure ciselée.

M. Gustave de Clausade, à Rabastens.

498. Henri IV, médaillon en bronze, encadré.

M. Gustave de Clausade, à Rabastens.

499. Louis XV, médaillon en bronze, encadré.

M. Gustave de Clausade, à Rabastens.

500. Jeton de Gaillac, cuivre; d'un côté, un écu armorié surmonté de la crosse et de la mitre; légende : *M^e. Cl. de Moulnorri abbé d. Galliac cons^r. de et M^e d. req^{es}.* Au revers, la clef et la main de justice, en sautoir; légende : *Utrique.* (1640).

Archives départementales.

501. Médaille en cuivre; d'un côté, *Fédération du département du Tarn faite à Castres le 26 septembre 1790;* de l'autre, le champ de la fédération avec cette légende : *Liberté, Constitution, Union. Le 14 juillet 1790.*

M. Dumas, charpentier, à Albi.

502. Médaille commémorative des journées des 9 et 10 thermidor, faite avec le fer des barreaux de la maison de force où étaient renfermés les députés.

Archives départementales.

503. Médaille commémorative des journées de vendémiaire an IV, faite avec les balles dirigées contre l'assemblée.
Archives départementales.

504. Jeton : *Heros Buonaparte. — Les fruits de ses actions* (1796).
M. Rolland, menuisier, à Albi.

505. Monnaie française, de bronze. — Pièces d'essai, frappées sous le règne de Louis-Philippe.
Archives départementales.

506. Bulles de plomb des papes Clément VII, Grégoire X et Alexandre VII.
Archives départementales.

507. Bulle de plomb du pape Paul V.
M. le marquis de Voisins, au château de Lestar.

508. Sceau de William de Brandone.
M. le marquis de Voisins, au château de Lestar.

509. *Seel royal d. contraz d'albigeois.* Sceau du XVIe siècle.
M. le docteur Cassan, à Albi.

510. Scel de Pierre de Bar, trouvé dans un tombeau au cimetière de l'église St-Salvi d'Albi.
M. le docteur Cassan, à Albi.

511. Un scel du moyen-âge, sans attribution.
M. le docteur Cassan, à Albi.

512. Scel des ordinaires de Lacaune; édit de 1696. Armes de France. Petit sceau en cuivre.
M. le docteur Cassan, à Albi.

513. Scel de la justice royale du Bout du Pont d'Albi; édit de 1696. Armes de France. Petit sceau en cuivre.
M. le docteur Cassan, à Albi.

514. Petit sceau de bronze; figure emblématique avec cette légende : *Malgré l'envie.*
M. Boyer, Antonin, à Albi.

515. Sceau en bronze, du consulat de Lacaune (1696).
Archives départementales.

516. Petit sceau d'alliance, argent, sans attribution.
Archives départementales.

517. Petit sceau en bronze de l'évêque d'Albi Armand-Pierre Delacroix de Castries.
Archives départementales.

518. Sceau d'un des derniers seigneurs de Castelnau-de-Montmiral (bronze).
Archives départementales.

519. Sceau, en bronze, de la communauté des maîtres Perruquiers d'Albi.
Archives départementales.

520. Un poids inscrit de la ville de Toulouse.
M. le marquis de Voisins, au château de Lestar.

521. Sept poids inscrits de la ville d'Albi.
Archives départementales.

522. Cinq poids inscrits, de la ville d'Albi.
M. Portes, boulanger, à Albi.

523. Un poids inscrit, de la ville d'Albi.
M. Burg, à Albi.

524. Quatre poids inscrits, de la ville de Castres.
M. Portes, boulanger, à Albi.

525. Un grand poids de marc complet, en cuivre, fondu et ciselé.
M. le docteur Cassan, à Albi.

526. Pierre gravée, montée en broche. Elle est signée Ciniselli.
M. Desazars, substitut du Procureur impérial, à Albi.

527. Onze camées et quatre pierres gravées.
M. l'abbé Espérou, à Albi.

III.

PALÉOGRAPHIE,

autographes, livres rares et curieux.

528. Recueil de canons, fait par Perpetuus, sur l'ordre de Didon, évêque d'Albi, après l'incendie de la ville, en 664, la 4e année du règne de Childéric ; manuscrit in-folio.

Bibliothèque de la ville d'Albi.

529. Le sort des Apôtres. Pancarte que l'on suppose avoir été en usage au XIIIe siècle parmi les chrétiens réformés, connus sous le nom d'Albigeois.

M. Prunet, à Varen (Tarn-et-Garonne).

530. Nécrologe de l'église d'Albi. Manuscrit du XIIe siècle.

Bibliothèque de la ville d'Albi.

531. Nécrologe de l'église d'Albi. Manuscrit du XIVe siècle.

Bibliothèque de la ville d'Albi.

532. Charte accordée en 1222 aux habitants de Cordes par le comte de Toulouse. — Sceau pendant du comte.
Archives de la ville de Cordes.

533. *Le Libre ferrat;* cartulaire de la ville de Cordes.
Archives de la ville de Cordes.

534. *La Vraye histoire de Troye;* manuscrit du xve siècle, sur parchemin velin, avec 15 belles miniatures.
M. Capus, à Cestayrols.

535. Miniature du xive siècle, détachée d'un manuscrit des Chroniques de France.
M. le docteur Cassan; à Albi.

536. Deux miniatures du xive siècle, qui semblent détachées d'un manuscrit de la guerre de Troyes.
M. le docteur Cassan, à Albi.

537. Géographie de Strabon, traduction latine, par Guarin de Vérone; manuscrit in-folio. Postérieur de plus d'un siècle à l'invention de l'imprimerie, ce manuscrit est relativement moderne; mais l'exécution en est parfaite et il renferme deux belles miniatures dont l'une représente le traducteur offrant son livre à Antoine

Marcellus, noble vénitien, et l'autre, Marcellus faisant lui-même hommage de ce livre au roi Réné, de Naples.

Bibliothèque de la ville d'Albi.

538. Cartulaire de la ville d'Albi, 3e volume; écriture du xvie siècle; lettres initiales ornées.

Archives communales d'Albi.

539. Cartulaire de la ville d'Albi, 5e volume; écriture du xvie siècle; lettres initiales ornées; encadrements; récits en vers des événements de 1537 et de 1562.

Archives communales d'Albi.

540. Cartulaire de la ville d'Albi, 6e volume; écriture de la fin du xvie siècle et du commencement du xviie; armes de la ville, peintes; lettres ornées; commencement de la série des armoiries des consuls.

Archives communales d'Albi.

541. Dernier volume du cartulaire de la ville d'Albi (1633-1860). — Au titre, une vue de la ville, signée L. Bordelet. — Armoiries des consuls jusqu'au xviiie siècle; en 1650, portraits des consuls Bernard du Solier, avocat; Antoine Martin, médecin; Jean Maillard, bourgeois; Guillaume Carrier, marchand, et Vincent

Cathala, bourgeois. En 1653, portraits des consuls Salvi Solier, receveur; Jean Maillard, bourgeois; Antoine Chevalier et Pierre Durand. En 1660, portraits des six consuls : Noble Jean de Lebrun, seigneur de Rabot; Jean Pelatier, bourgeois; Guillaume Gardès; Jean Roux; Guillaume Favier et Pierre Mary; ces six portraits sont peints par Bourguignon.
Archives communales d'Albi.

542. Lettre de convocation pour les Etats généraux du Languedoc, adressées aux consuls d'Albi par les rois de France Charles VIII, Louis XII, et par la régente Loyse de Savoie (signatures autographes).
Archives communales d'Albi.

543. Lettres de convocation pour les Etats généraux du Languedoc, adressées aux consuls de Lautrec par les rois François I, Henri II, Henri III et Charles IX.
Archives départementales.

544. Brevet d'une pension de deux mille livres, accordée par le roi Henri III (signature) à M. de Saint Sulpice, son ambassadeur en Espagne.
M. Mazens, de Lasgraisses.

545. Lettre de Catherine de Médicis (signature) à M. de Saint Sulpice, ambassadeur en Espagne.
M. Mazens, de Lasgraisses.

546. Lettre du roi Charles IX (signature) au même.

M. Mazens, de Lasgraisses.

547. Lettres de provision de membre du Conseil privé, délivrées au même ambassadeur par le roi Charles IX (signature). — Parchemin.

M. Mazens, de Lasgraisses.

548. Deux lettres missives des rois Henri III (1577) et Henri IV (1602), aux consuls d'Albi; elles sont relatives aux mesures à prendre pour la conservation de la ville.

Archives communales d'Albi.

549. Lettres patentes du roi Louis XIV, relatives à l'hôpital d'Albi.

Archives départementales.

550. Bulle du pape Paul V, délivrée en faveur de Jean de Blandinières.

M. le marquis de Voisins, au château de Lestar.

551. Deux lettres autographes de Dom Vaissete, l'historien du Languedoc. Joseph de Vaissete, né à Gaillac, le 4 mai 1685, est mort à Paris, le 10 avril 1756.

Archives communales de Gaillac.

552. Mémoire autographe de Lapérouse, capitaine de l'*Astrée*, au conseil d'amirauté, pour justifier sa conduite, contre les inculpations du comte de Grasse, relativement au *Zélé* qu'il avait remorqué (6 pages).
M. le baron de Gouttes-Lagrave, à Albi.

553. Recueil manuscrit de poésies de M. de Levisac, précédé du portrait de l'auteur.
M. le vicomte de Martrin-Donos, aux Bruytres.

554. Lettres patentes de l'Empereur Napoléon Ier (1810). Signature de l'Empereur, grand sceau de l'Empire.
M. Désazars, substitut du Procureur impérial, à Albi.

555. Lettres patentes de l'Empereur Napoléon Ier, signées de l'Impératrice Marie-Louise (1814), avec le grand sceau de l'Empire.
M. le baron Tridoulat, à Albi.

556. Recueil de dix ouvrages imprimés à Toulouse au xve siècle. — Il contient l'Imitation de Jésus-Christ (1488); les ordonnances touchant le pays de Languedoc (1491); etc.
M. Elisée Ricard, à Vabre.

557. Les lettres de saint Jérôme; magnifique édition de 1480, en 2 vol. in-folio.
Bibliothèque de la ville d'Albi.

558. Boëce; édition du xve siècle, qui n'est pas mentionnée dans Brunet.
>> *Bibliothèque de la ville d'Albi.*

559. Les singuliers et nouveaux pourtraicts du seigneur Frederic Vinciolo, vénitien, pour toutes sortes d'ouvrages de lingerie, dédié à la reine. (Lyon 1603).
>> *M. Thomas, employé aux archives, à Albi.*

560. Le *Dictionnaire du P. Pierre Delbrun;* imprimé à Albi en 1674, chez François Patron. — Au frontispice, vignette avec une vue de la ville d'Albi.
>> *Bibliothèque de la ville d'Albi.*

561. Thèse de docteur en théologie; imprimée sur soie.
>> *M. Teyssonnières, de Bordeaux.*

562. *Quinti Horatii Flacci Opera.* — Londini æneis tabulis incidit Johannes Pine (1733); 2 vol. in-8°. — Cette magnifique édition renferme un grand nombre de vignettes reproduisant des statues, des médailles, etc., de l'antiquité romaine.
>> *M. Charles Paliès, à Albi.*

563. Œuvres du marquis de Villette; volume in-18, imprimé sur papier de guimauve (1786), et suivi d'un recueil d'échantil-

lons de papier d'ortie, de houblon, de mousse, de roseaux, de chiendent, de fusain, de bardane, etc.

M. Julibois, archiviste, à Albi.

564. Monographie de la commune de Burlats, avec quatre vues photographiques représentant les ruines du château d'Adélaïde de Toulouse, le Sidobre, le rocher tremblant, etc., par M. L. Bonhoure, instituteur communal.

M. Bonhoure, à Burlats.

IV.

OBJETS RELATIFS AU CULTE.

565. Un crucifix en bronze, XIIIe siècle.

M. le docteur Cassan, à Albi.

566. Croix processionnelle en argent et vermeil, ornée de cabochons du commencement du XVIe siècle.

L'église de Labastide-Denat.

567. Crucifix en argent ciselé.

M. Mazens, de Lasgraisses.

568. Christ, ivoire.
M. Gisclard, avocat, à Albi.

569. Christ en ivoire, encadré.
Mlle Victorine Cavalié, à Albi.

570. Croix de Lorraine, en cuivre argenté, avec reliques.
M. le vicomte de Martrin-Donos, aux Bruyères.

571. Croix processionnelle en cuivre doré.
M. Gustave de Clausade, à Rabastens.

572. Croix russe, en cuivre, émail champ levé.
M. Gustave de Clausade, à Rabastens.

573. Vierge tenant l'Enfant Jésus; ivoire du XVIe siècle; hauteur 20 centimètres.
M. de Lapanouse, à Albi.

574. Vierge agenouillée, en prière, statuette, ivoire du XVIe siècle.
M. le docteur Cassan, à Albi.

575. L'Assomption; ivoire dans un cadre également en ivoire sculpté.
M. l'abbé Espérou, à Albi.

576. Reliquaire en cuivre doré, en forme d'église, à émaux champ levés, orné de cabochons.
La ville d'Albi.

577. Chasse en bois, ornée de peintures sur enduit de chaux, XIV° siècle : sur une des faces, sainte Ursule et ses compagnes; sur l'autre face, trois bustes de saints; sur le toit, la Vierge et l'Enfant Jésus, bénissant, entre sainte Cécile et un saint évêque, bénissant; sur l'autre, saint Laurent, diacre et martyr.

La ville d'Albi.

578. Châsse en bois sculpté, peint, avec semis de fleurs de lys d'or, sur fond d'azur, XV° siècle. — Cette châsse, qui a la forme d'une église, a été faite sous l'épiscopat de Louis d'Amboise Ier, pour le transfèrement des reliques apportées de Rome par ce prélat.

La ville d'Albi.

579. Trois petits vitraux : saint Martin, saint Pierre et saint Laurent.

M. le docteur Cassan, à Albi.

580. Bénitier du XIII° siècle, en pierre, avec cette inscription : HIC : IACET : P : DE SUNPLESSACO : trouvé au faubourg du Pont, à Albi. — Chapiteau roman, en pierre.

M. Guiraud, menuisier, à Albi.

581. Panneau, bois sculpté représentant diverses

scènes de la la Passion. — Commencement du xvi⁰ siècle.

M. Teyssonnières, de Bordeaux.

582. Jésus donnant les clefs à saint Pierre, en présence des Apôtres ; bas-relief sur bois.

M. Pontié, géomètre, à Cordes.

583. La Présentation au Temple et la mise au tombeau ; deux bas-reliefs, bois doré.

M. Fabre, Baptiste, à Albi.

584. L'entrée au temple ; groupe en bois peint et doré.

M. le docteur Cassan, à Albi

585. Deux statuettes en terre, peintes, représentant un pélerin et sainte Véronique.

M. le docteur Cassan, à Albi.

586. Un petit tryptique, en cuivre, représentant Dieu le Père, et les douze Apotres.

M. Gisclard, ancien député, à Albi.

587. Un petit dyptique, en cuivre émaillé.

M. Gisclard, ancien député, à Albi.

588. Paix en cuivre avec le Christ en croix.

M. Gustave de Clausade, à Rabastens.

589. Bénitier en argent repoussé.

M. H. Dussap, à Gaillac.

590. Deux anneaux en argent : un *Ave Maria* et un *I H S*.
M. Mazens, de Lasgraisses.

591. Une dixaine de chapelet, or et corail, croix émaillée.
M. le marquis de Voisins, au château de Lestar.

592. Moule à hosties, en bois, ayant appartenu à l'abbaye de Candeil.
M. le docteur Cassan, à Albi.

V.

ÉMAUX,

porcelaines de Saxe et de Sèvres, faïences.

593. Un chandelier, bronze émaillé, armorié de France et de Navare, etc.
M. Elie Rossignol, de Montans.

594. Enée et Achate, émail de Limoges.
M. Gustave Fabre, à Albi.

595. Tryptique représentant, au panneau du

centre, le Crucifiement; aux pieds d'un franciscain à genoux on lit : F. I. ESPARVES (1584). Les deux autres panneaux représentent les douze sybilles.

M. Veyriac, juge de paix, à Monestiés.

596. Tryptique de Limoges, avec cadre en cuivre, représentant au centre l'Adoration des bergers; au panneau de droite, l'Annonciation; au panneau de gauche, St-Martial, évêque, et sainte Valerie, patrons de Limoges (XVIe siècle).

M. Louis de Combettes du Luc, à Rabastens.

597. *Ecce Homo*, émail du XVIe siècle, avec le monogramme I. P.

M. Charles de Bermond, à Brens.

598. Une coupe émail; au fond Judith tenant la tête d'Holopherne.

M. Victor Doat, à Albi.

599. Bénitier, émail, représentant l'Annonciation.

M. Henri Bray, négociant, à Albi.

600. Saint François, émail entouré d'un reliquaire.

M. Monclar, propriétaire, à Marssac.

601. Deux émaux représentant : l'un, la Vierge et l'Enfant Jésus; l'autre, saint Joseph tenant l'Enfant Jésus.

Mlle Du Bosc, à Albi.

602. Deux émaux, médaillons, représentant Hercule et Minerve.
>> *M. Gaugiran, propriétaire, à Albi.*

603. Saint Dominique, émail de J. Laudin.
>> *M. Elie Rossignol, de Montans.*

604. Sainte Catherine de Sienne, émail signé Laudin.
>> *Mme Vernet, à Albi.*

605. Saint Henri, émail de Laudin.
>> *M. le vicomte de Martrin-Donos, aux Bruyères.*

606. La *Mise au tombeau*, émail.
607. La *Résurrection*, émail.
>> *M. Chinchon, à Sorèze.*

608. Saint Hyacinthe, émail de Laudin.
>> *M. Bosc, meunier, à Monestiés.*

609. Une râpe à tabac, avec émail représentant une bergère; style Louis XV.
>> *M. le docteur Cassan, à Albi.*

610. Bonbonnière émaillée; style Louis XV.
>> *M. le docteur Cassan, à Albi.*

611. Dix petits émaux.
>> *M. l'abbé Espérou, à Albi.*

612. *Vitrine P.* — Un service porcelaine de Sèvres, exécuté de 1825 à 1827, et ayant appartenu à Châteaubriand.

Mme *la vicomtesse de Vesins, à Albi.*

613. Surtout en porcelaine de Saxe; cinq pièces.

M. Léonard, receveur général, à Albi.

614. Quatre groupes, biscuit (Bacchus, scènes de la vie champêtre). Ces groupes ont été rapportés d'Italie par le cardinal de Bernis, archevêque d'Albi.

La ville d'Albi.

615. Musicien et musicienne, groupe en porcelaine de Saxe.

M. Rivières, conducteur des ponts et chaussées, à Albi.

616. La rose acceptée; groupe en porcelaine de Saxe.

M. Rivières, conducteur des ponts et chaussées, à Albi.

617. Plaque peinte, de faïence des Abruzzes, sujet biblique.

M. Gustave de Clausade, à Rabastens.

618. Plaque peinte, de faïence des Abruzzes, sujet biblique.

M. Gustave de Clausade, à Rabastens.

619. Cadre renfermant cinq plateaux peints, en faïence d'Urbino, sujets emblématiques.

M. Gustave de Clausade, à Rabastens.

620. Plat de faïence, de l'ancienne fabrique de Castelli, près Naples.

M. Gustave de Clausade, à Rabastens.

621. Jésus descendu de la Croix; bas-relief en faïence peinte; genre Palissy.

M. le docteur Cassan, à Albi.

622. La mise au tombeau; bas-relief en faïence peinte; genre Palissy.

M. le docteur Cassan, à Albi.

623. Cadre renfermant deux peintures sur porcelaine : la Séduction et la Contemplation.

M. Gustave de Clausade, à Rabastens.

624. Cadre renfermant deux peintures sur porcelaine : la Sympathie; Marguerite.

M. Gustave de Clausade, à Rabastens.

625. Peinture sur porcelaine, représentant une scène des croisades.

M. Ferran, pharmacien, à Albi.

626. *Vitrine O.* — Faïences d'Italie et de Delft; poterie et faïence émaillée de France; — plats et statuettes, genre Palissy; — faïences de Nevers, de Rouen, de Strasbourg et de Marseille; — diverses pièces faïence de Moustiers; assiettes avec peintures représentant la Toison d'or, et signées Ollery; — Porcelaine vieux Chine et vieux Japon; — Deux tasses, l'une de Sèvres, pâte tendre, l'autre Chine, Cie des Indes; — coupes en verre de Bohême et de Venise; — faïence de Giroussens (Tarn), etc.

M. le docteur Cassan, à Albi.

627. Petit plat en porcelaine de Saxe, sujet riche.

M. Gustave de Clausade, à Rabastens.

628. Deux petits vide-poches, en porcelaine de Saxe.

M. Lécossois, à Albi.

629. Petit vase avec couvercle, en porcelaine de Saxe.

M. Lécossois, à Albi.

630. Porcelaine Sèvres : coupe montée en bronze, au chiffre du roi Louis-Philippe.

M. le vicomte de Martrin-Donos, aux Bruyères.

631. Bougeoir en porcelaine, ayant appartenu au Pape Pie VI.

M. Reboul, professeur, à Albi.

632. Porcelaine Sèvres; deux vases à fleurs.
M. le vicomte de Martrin-Donos, aux Bruyères.

633. *Vitrine P.* — Deux vases à fleurs, faïence jaune de Martres; — huilier, faïence de Moustiers;—plat, faïence de Strasbourg; — assiette. — (5 pièces).
M. Teyssonnières, de Bordeaux, né à Albi.

634. Deux briques en terre, émaillées, une aux armes de l'évêque d'Albi, Louis d'Amboise.
M. le docteur Cassan, à Albi.

635. *Vitrine P.*—Porte-huilier, faïence de Moustiers.
M. l'abbé Espérou, à Albi.

636. *Vitrine P.* — Grand plat en faïence.
M. Bray, receveur de l'hospice, à Albi.

637. Un pot-à-eau, en faïence.
M. Pontié, géomètre, à Cordes.

638. *Vitrine P.* — Deux vases, faïence.
M. Barthélemy, maître d'hôtel, à Albi.

639. Deux cache-pots, faïence de Rouen.
M. l'abbé Espérou, à Albi.

640. Une soupière, avec pieds, faïence.
M. Boyer, Antonin, à Albi.

VI.

CHINOISERIES.

641. Deux grands vases porcelaine et leurs supports en ébène.
M. Léonard, receveur-général, à Albi.

642. Deux plats porcelaine et leurs supports en ébène.
M. Léonard, receveur-général, à Albi.

643. Bâton de commandement d'un mandarin.
M. Léonard, receveur-général, à Albi.

644. Deux magots.
M. Léonard, receveur-général, à Albi.

645. Un brûle parfum en bronze et un brûle parfum de pagode.
M. Léonard, receveur-général, à Albi.

646. Tableau de pierre de Lar.
M. Léonard, receveur-général, à Albi.

647. Un plateau avec personnages; une tasse à thé, porcelaine, avec soucoupe et cuiller; un vase à thé en terre peinte et émaillée.
M. Léonard, receveur-général, à Albi.

648. Deux broderies, en relief, — deux écrans, — un bracelet ivoire sculpté, — une bonbonnière jade, — un pot à tabac, en bois sculpté.
M. Léonard, receveur-général, à Albi.

649. Deux grands vases, porcelaine de Chine.
M. Rieunier, à Albi.

650. Deux écrans chinois; une canne annamite, incrustée de nacre; un chapelet chinois; deux vide-poches en corne de rhinocéros; trois éventails dont un en ivoire, l'autre en bois et le troisième en laque dorée.
M. Rieunier, à Albi.

651. Un secrétaire japonais.
M. Rieunier, à Albi.

652. Quatre petites tables en laque dorée, rentrant l'une dans l'autre.
M. Rieunier, à Albi.

653. Deux boites du Japon, incrustées de nacre.
M. Rieunier, à Albi.

654. Boites à jeu, — à thé, — à gants, — à cigares, — deux porte-cigares en laque.

M. Rieunier, à Albi.

655. Deux nécessaires pour dame et pour homme.

M. Rieunier, à Albi.

656. Quatre plateaux Japon et Chine, un plateau annamite, quinze coquillages.

M. Rieunier, à Albi.

657. Quatre coupes en laque, dix tasses en porcelaine du Japon.

M. Rieunier, à Albi.

658. Echiquier chinois.

M. Brunet, propriétaire, à Albi.

659. Une grande idole et deux petites; deux éléphants.

M. Brunet, propriétaire, à Albi.

660. Douze dessins chinois.

M. Brunet, propriétaire, à Albi.

661. Parasol chinois, pantoufles, couteaux, boîtes, etc.

M. Brunet, propriétaire, à Albi.

662. Vase chinois et statuette de même origine, en bronze ; tasse à thé, soucoupe émaillée (4 pièces).

M. Devic (Emile), à Albi.

663. Boite à ouvrage, en laque de Chine.

M. Cornus, à Albi.

664. Eventail, ivoire sculpté.

M. Cornus, à Albi.

665. Lanterne chinoise.

M. Louis de Rivières, capitaine de vaisseau en retraite, à Albi.

666. Plateau chinois en bois avec incrustations de nacre.

M. Louis de Rivières, capitaine de vaisseau en retraite, à Albi.

667. Deux vases, une théière et un bol, porcelaine de Chine.

M. Louis de Rivières, capitaine de vaisseau en retraite, à Albi.

668. Porcelaine Chine : théière, pot au lait et deux tasses, aux armes de la famille de Gros d'Homps.

M. le vicomte de Martrin-Donos, aux Bruyères.

669. Un éventail, ivoire découpé (Chine).

M. Lécossois, à Albi.

670. Un pot-à-eau, émail de Chine.
M. Gisclard, ancien député, à Albi.

671. Théière chinoise, en terre rouge.
M$^{ll\bullet}$ Du Bosc, à Albi.

672. Six couteaux à manches de porcelaine, façon Chine.
Mme de Berne-Lagarde, à Albi.

VII.

AMEUBLEMENT,

armes et objets divers.

673. Une armoire, bois de chêne, style du xve siècle.
M. le baron de Rivières, à Albi.

674. Bahut, en chêne sculpté; xve siècle.
M. le docteur Cassan, à Albi.

675. Un coffre renaissance, en bois de noyer sculpté.
M. le baron de Rivières, à Albi.

676. Un petit coffre, en chêne sculpté; xvi⁶ siècle.
M. le docteur Cassan, à Albi.

677. Coffre en bois sculpté.
M. le docteur Cassan, à Albi.

678. Deux panneaux, chêne sculpté, style Louis XIII, représentant un gentilhomme et sa dame, à cheval.
M. Durand, à Carmaux.

679. Table-bureau en marqueterie de boule.
Mlle de Bermond, à Brens.

680. Armoire à panneaux sculptés; style du xvii⁶ siècle.
M. Rabaud (Paul), à Pierresègade.

681. Armoire à deux corps, avec incrustations.
M. Sicre, de Castres.

682. Armoire à deux corps, avec incrustations.
M. Sicre, de Castres.

683. Une crédence; style du xvii⁶ siècle.
M. Pontié, géomètre, à Cordes.

684. Une armoire en marqueterie.
M. Pontié, géomètre, à Cordes.

685. Table avec dessus en mosaïque de marbre de diverses couleurs.

Mme Clair Gorsse, à Albi.

686. Canon de bronze, aux armes de la ville de Cordes.

La ville de Cordes.

687. Épée avec poignée en fer ciselé. — On y a représenté des cavaliers, et sur la coquille une mêlée de cavalerie.

M. Teyssonnières, de Bordeaux.

688. Poignée d'épée, niellée en argent, aux armes de Diane de Poitiers, avec les chiffres de Henri II et de Diane entremêlés.

M. le docteur Cassan, à Albi.

689. Groupe d'armes espagnoles : deux épées; un pistolet; une coquille de rapière, avec découpures; deux rapières, l'une portant cette devise: *Ne me tire pas sans raison; ne me rengaîne pas sans honneur.*

M. Teyssonnières, de Bordeaux.

690. Batterie de fusil à mèche; xve siècle.

M. le docteur Cassan, à Albi.

691. Hallebarde trident.

M. Teyssonnières, de Bordeaux.

692. Un fusil à air comprimé.
M. Roucayrol, forgeron, à Albi.

693. Deux poignards.
M. le docteur Cassan, à Albi.

694. Deux poignards catalans.
M. Charles Paliés, à Albi.

695. Poire à poudre en corne de cerf, gravée; style Renaissance.
M. le docteur Cassan, à Albi.

696. Cinq éperons, dont deux sarrazins.
M. le docteur Cassan, à Albi.

697. Un briquet.
M. Ormières, à Albi.

698. Casse-tête.
M. Bousquel, avoué, à Albi.

699. Chaise à porteur du cardinal de Bernis, ornée de peintures mythologiques sur fond d'or.
La ville d'Albi.

700. Masse d'armes du cardinal de Bernis, en bois doré; elle a servi dans les fêtes de la Révolution et on y a ajouté diverses initiales avec le portrait de Voltaire.
Bibliothèque de la ville d'Albi.

701. Un coffret, ivoire sculpté; style Renaissance.
>Mme la vicomtesse de Vesins, à Albi.

702. Une boîte en ivoire sculpté.
>M. le marquis de Voisins, au château de Lestar.

703. Coffret en fer ciselé.
>M. Clermont, tanneur, à Albi.

704. Coffre-fort en fer.
>M. Bray, receveur de l'hospice, à Albi.

705. Coffret de mariage, en bois finement sculpté, avec la devise : IL SONT VNI.
>MM. la baronne de Rivières, à Albi.

706. Peigne en buis sculpté, avec cette devise : *qui bien aime tart oblie.*
>M. Pontié, géomètre, à Cordes.

707. Boîte longue, vernis Martin; fantaisies.
>M. Gisclard, ancien député, à Albi.

708. Boîte à jetons, vernis Martin.
>M. Gisclard, ancien député, à Albi.

709. Petit coffret en bois d'olivier, monté en or et garni d'écaille.
>M. le vicomte de Martrin-Donos, aux Bruyères.

710. Deux coffrets en ébène, avec miniature.
>M. X..., de Gaillac.

711. Chandelier en cuivre, xv⁰ siècle.
>M. le docteur Cassan, à Albi.

712. Urne en bronze.
>M. Gisclard, ancien député, à Albi.

713. Groupe en bronze; éducation de Bacchus.
>M. Gisclard, ancien député, à Albi.

714. Léonidas; statuette en bronze.
>M. le comte de Toulouse-Lautrec, à Albi.

715. Hercule terrassant le lion de Némée, statuette en bois.
>M. Devic (Emile), à Albi.

716. Pendule, style Louis XIV; genre boule.
>M. Ravailhe, banquier, à Albi.

717. Pendule, style Louis XV.
>M. Bousquel, géomètre, à Albi.

718. Petite pendule, avec garniture en cuivre ciselé, style Louis XV. — Stadler à Ingolstadt.
>M. Lemozy, commis, à Carmaux.

719. Montre en or, style Louis XV, garnie de pierreries.

M. Musson, horloger, à Albi.

720. Une clef de montre, en or.

M. Mathieu, professeur, à Albi.

721. Tabatière avec miniature.

M. Gisclard, ancien député, à Albi.

722. Glace de Venise.

M. Louis de Rivières, capitaine de vaisseau en retraite, à Albi.

723. Glace avec encadrement, en marqueterie.

M. Pontié, géomètre, à Cordes.

724. Glace avec encadrement, en marqueterie.

M. Tayac, à Graulhet.

725. Une pièce point de Venise.

Mme Ladevèze, de Cordes.

726. Corbeille de fleurs faites de plumes d'oiseaux du Brésil.

M. Michau, curé de la Madeleine, à Albi.

727. Eventail en plumes, d'origine indienne.

M. le marquis de Voisins, au château de Lestar.

728. Eventail brodé or et argent, figures en ivoire.
>M. Teyssonnières, de Bordeaux.

729. Un éventail ivoire découpé, style Louis XVI.
>M. Lécossois, à Albi.

730. Un anneau en argent.
>M. le marquis de Voisins, au château de Lestar.

731. Une miniature montée en broche, en forme de cœur.
>M. X..., de Gaillac.

732. Groupe d'agrafes et bijoux en argent.
>M. Teyssonnières, de Bordeaux.

733. Huit pièces de tapisserie.
>Mme Larocque, marchande, à Albi.

734. Un violon Amati.
>M. André, tailleur, à Cordes.

735. Caraffe en verre de Venise.
>M. l'abbé Espérou, à Albi.

736. Trois verres de Venise.
>M. Teyssonnières, de Bordeaux.

737. Un mortier de pharmacien, bronze, fondu aux Cabanes (1630).
738. Un mortier de pharmacien, bronze, avec reliefs (1675).

M. Henri Bray, négociant, à Albi.

739. Ecuelle en étain.

M. Maurand, Etienne, à Albi,

740. Têtes de chenets, en cuivre; style de l'Empire.

M. le docteur Cassan, à Albi.

741. Groupe de serrures et clefs anciennes.

MM. le marquis de Voisins; Revel et Cassan, à Albi, et Pontié, à Cordes.

SUPPLÉMENT.

ARTISTES EXPOSANTS.

BONAMY, *frères, à Toulouse.*

742. Plans de jardins paysagers (7 pièces).

CHARLEMAGNE (Auguste), *peintre-verrier, à Toulouse,*
Boulevard d'Arcole, 38.

743. La Vierge à la Chaise, d'après Raphaël (vitrail).

MAHOUX (François), *statuaire,* élève de Gayrard et d'Emile Thomas, *à Rodez,*
place de la Paix, 2.

744. Buste de M. Souquières, sous-préfet de Villefranche d'Aveyron (marbre, grandeur nature).
745. Médaillon de M. M... (bronze, demi-nature).
746. Médaillon de l'Empereur Napoléon III (demi-nature, plâtre).

TEYSSONNIÈRES.

747. Le Chemin des champs (dessin à la plume).

PHOTOGRAPHE.

SÉRÉS, *photographe, à Cordes.*

748. Cadre renfermant des portraits ; deux vues de Cordes, etc.

ŒUVRES DE PEINTURE ET DE SCULPTURE

EXPOSÉES PAR DES AMATEURS.

École espagnole.

AUTEUR INCONNU.

749. Tête de mort.

M. Boyer (Jean), à Albi.

École italienne.

BELLINI.

750. Ruines (gouache).
751. Ruines (gouache).

M. Bancarel, limonadier, à Albi.

AUTEURS INCONNUS.

752. L'Enfant Jésus et saint Joseph (copie).
753. Jésus au Jardin des oliviers (copie).
754. Une Sainte (tête).

M. l'abbé Espérou, à Albi.

OBJET RELATIF AU CULTE.

755. Christ en ivoire.
M. Bayeurte, à *Lautrec*.

Le Comité spécial de classement et d'installation était composé de :

MM.

BERTRAND, secrétaire de la mairie.
GAUGIRAN (Élie), avocat.
JOLIBOIS, archiviste départemental.
Baron DE RIVIÈRES (Edmond).
SARRASY, contrôleur des contributions directes.

MEMBRES DU JURY

POUR LA SECTION DES BEAUX-ARTS.

MM.

DÉSAZARS, substitut du Procureur impérial, à Albi.
GAUGIRAN (Elie), avocat, à Albi.
HESSE, architecte départemental, à Albi.
JOLIBOIS, archiviste départemental, à Albi.
Baron DE RIVIÈRES (Edmond), à Albi.
SARRASY, contrôleur des contributions directes, à Albi.
TOULOUSE-LAUTREC (comte de), à Rabastens.
VAISSE-CIBIEL, à Toulouse.
VOISINS-LAVERNIÈRE (De), à Lavaur.

LISTE ALPHABÉTIQUE

DES EXPOSANTS.

Albi (archives communales d'), 538, 539, 540, 541, 542, 548.
Albi (bibliothèque de la ville d'), 528, 530, 531, 537, 557, 558, 560, 700.
Albi (la ville d'), 241, 342, 438, 442, 576, 577, 578, 614, 699.
Albrespy (André), à Castres, 1, 2.
Amans, propriétaire, à Albi, 252.
Amé (Louis-Marie-Emile), architecte du département, à Aurillac, 3, 4, 5, 6.
Amilhau, négociant, à Albi, 246, 306, 307.
Andorre (Alexandre), à Albi, 324.
André, tailleur, à Cordes, 734.
Archives départementales, 439, 448, 449, 452, 453, 454, 455, 456, 457, 458, 459, 495, 496, 500, 502, 503, 505, 506, 515, 516, 517, 518, 519, 521, 543, 549.
Arnal (Marie-Caroline-L.), à Villefranche d'Aveyron, 7, 8.
Assier (Edmond d'), à Toulouse, 9, 10, 11.
Audiguier, professeur de dessin au collége d'Albi, 12, 13, 14, 308.
Bancarel, limonadier, à Albi, 750, 751.
Barthélemy (Joseph), à Albi, 15, 16.

Barthélemy, maître-d'hôtel, à Albi, 638.
Battut, à Toulouse, 17.
Baurens, à Albi, 304, 428.
Bayeurte, à Lautrec, 755.
Beleufant, directeur du télégraphe, à Albi, 18, 19, 20, 21, 22, 23.
Benazech (Aristide), à Toulouse, 187, 188, 189.
Benazech (Jean), à Castres, 24, 25.
Bermond, maire, à Albi, 237, 264, 265, 297.
Bermond (Mlle de), à Brens, 679.
Bermond (Charles de), à Brens, 597.
Berne-Lagarde (Mme de), 672.
Bertrand, secrétaire en chef de la mairie, à Albi, 373, 383, 407, 424, 425, 426.
Blanc (Jean-Pierre), à Gaillac, 190, 191.
Bonamy, frères, à Toulouse, 742.
Bonhoure, à Burlats, 564.
Bosc, meunier, à Monestiés, 608.
Bousquel, avoué, à Albi, 698.
Bousquel, géomètre, à Albi, 717.
Bousquel (Marie), à Albi, 26, 27.
Boyer (Antonin), à Albi, 514, 640.
Boyer (Jean), à Albi, 749.
Boyer (Paul), négociant, à Albi, 281, 349.
Bray (Henri), négociant, à Albi, 219, 232, 259, 266, 267, 298, 433, 599, 737, 738.
Bray, receveur de l'hospice, à Albi, 233, 285, 366, 636, 704.
Brunet, propriétaire, à Albi, 658, 659, 660, 661.
Burg, à Albi, 523.
Cambon d'Albi (l'église de), 353, 354.
Cambos (Jules), à Paris, 28.

Cammas, juge, à Albi, 379.

Campmas, docteur en médecine, à Albi, 236, 269, 270.

Capus, à Cestayrols, 534.

Cassan, docteur en médecine, à Albi, 314, 408, 434, 435, 441, 450, 451, 465, 467, 474, 475, 476, 509, 510, 511, 512, 513, 525, 535, 536, 565, 574, 579, 584, 585, 592, 609, 610, 621, 622, 626, 634, 674, 676, 677, 688, 690, 693, 695, 696, 711, 740, 741.

Castera (Jacques), à Toulouse, 32, 33.

Cavalié (Victorine), à Albi, 569.

Cavayé (Elisa), à Bordeaux, 29, 30, 31.

Cayré (Marcelin), à Réquista, 192, 193, 194.

Cazals (Eusèbe), à Toulouse, 34, 35.

Chalons (Paul), à Toulouse, 36, 37, 38, 39.

Charlemagne (Auguste), peintre verrier, à Toulouse, 743.

Chinchon, à Sorèze, 606, 607.

Clausade (Gustave de), 445, 446, 497, 498, 499, 571, 572, 588, 617, 618, 619, 620, 623, 624, 627.

Clermont, tanneur, à Albi, 703.

Comby (Jean), à Toulouse, 40, 41, 42, 43.

Cordes (archives de la ville de), 532, 533.

Cordes (la ville de), 686.

Cornus, à Albi, 663, 664.

Coulon (Paul-Frédéric-Léo), à Melun, 44, 45, 46, 47, 48.

Crouzet (Achille-Edouard-Henri-Auguste), à Lisle d'Albi, 49, 50, 51, 52, 53, 54, 55, 56, 57.

Dartigues frères, à Toulouse, 60, 61, 62, 63, 64.

D... (C.), à Albi, 58, 59.

Denis (Pierre), à Toulouse, 65, 66.

Désazars, substitut du procureur impérial, à Albi, 279, 526, 554.

Devic (Emile), à Albi, 662, 715.

Deyres, président du tribunal civil, à Albi, 278, 390, 391.

Dèzes (Emmanuel), à Toulouse, 67, 68, 69, 70, 71, 72, 73, 74, 75.

Doat (Victor), à Albi, 216, 217, 225, 227, 228, 240, 242, 244, 249, 260, 261, 262, 274, 282, 319, 320, 321, 322, 323, 325, 326, 327, 328, 329, 330, 332, 333, 334, 337, 345, 346, 598.

Douzil (Henri), à Nimes, 76, 77.

Doze (Jean-Marie-Melchior), à Nîmes, 78, 79.

Drouard (Edouard), à Mazamet, 80.

Du Bosc (MM^{lles}), à Albi, 601, 671.

Dumas, charpentier, à Albi, 501.

Dupuy, greffier du tribunal civil, à Albi, 81, 280.

Dupuy, percepteur, à Albi, 311, 416.

Durand, à Carmaux, 678.

Dussap (H.), à Gaillac, 589.

Duston (Benjamin), à Lavaur, 82, 83, 84, 85, 86, 87.

Engalières (Joseph), à Toulouse, 88, 89, 90.

Escot (Charles), à Toulouse, 91, 92, 93, 94, 95, 96, 97, 98.

Espérou (l'abbé), à Albi, 317, 358, 359, 360, 361, 362, 363, 364, 365, 527, 401, 463, 466, 468, 477, 478, 575, 611, 635, 639, 735, 752, 753, 754.

Espinasse, sculpteur, à Albi, 99.

Fabre (Baptiste), à Albi, 583.

Fabre (Gustave), à Albi, 594.

Faure (Marguerite-Amélie), à Toulouse, 100.

Ferran, pharmacien, à Albi, 625.

Flad, à Albi, 213, 214, 215, 219, 220, 299, 300, 301.

Frézouls (Salvi), à Albi, 268.

Gaillac (archives communales de), 551.

Gaugiran, juge, à Albi, 272, 273, 338.

Gaugiran, propriétaire, à Albi, 309, 310, 602.

Gaule (l'abbé), à Albi, 318.

Gavarret (Théodore De), à Toulouse, 101, 102, 103.
Gesta (H.-Victor), à Toulouse, 104.
Gisclard, ancien député, à Albi, 223, 224, 231, 255, 257, 275, 276, 277, 283, 286, 287, 288, 289, 290, 331, 335, 336, 586, 587, 670, 707, 708, 712, 713, 721.
Gisclard, avocat, à Albi, 568.
Gorsse (Mme Clair), à Albi, 685.
Gouttes-Lagrave (le baron De), à Albi, 291, 552.
Guiraud, menuisier, à Albi, 580.
Guy, propriétaire, à Albi, 294, 295, 296.
Heybrard (Emile). à Toulouse, 105.
Iray (Edmond), à Toulouse, 106.
Jolibois, archiviste, à Albi, 226, 355, 367, 368, 369, 370, 371, 372, 374, 375, 376, 377, 380, 385, 386, 388, 389, 392, 393, 394, 395, 398, 399, 400, 402, 403, 404, 405, 406, 409, 410, 411, 412, 413, 414, 417, 418, 419, 420, 421, 422, 429, 430, 563.
Labastide-Denat (l'église de), 566.
Labor (Charles), à Béziers, 107, 108, 109.
Lacavalerie (Ernest), à Toulouse, 110, 111.
Lacombe (L.-J. De), à Gaillac, 112, 113, 114, 115, 116, 195.
Lacoste (Antoine), à Toulouse, 117, 118, 119, 120.
Ladevèze (Mme), à Cordes, 725.
Lahondès-Lafigère (Jules de), à Pamiers, 121, 122.
Lapanouse (De), à Albi, 221, 573.
Larocque (Mme), marchande, à Albi, 733.
Lécossois, à Albi, 628, 629, 669, 729.
Lemozy, commis, à Carmaux, 718.
Léonard, receveur-général, à Albi, 613, 641, 642, 643, 644, 645, 646, 647, 648.

Livaudey (De), à Albi, 958.

Luc (Louis De Combettes Du), à Rabastens, 596.

Mahoux (François), statuaire, à Rodez, 744, 745, 746.

Maignal, à Albi, 378, 423.

Mallet, fils, à Graulhet, 315, 316.

Marc (Th.), à Castres, 196.

Martrin-Donos (le vicomte De), aux Bruyères, 123, 124, 125, 243, 250, 251, 254, 256, 263, 293, 352, 553, 570, 605, 630, 632, 668, 709.

Mathieu, professeur, à Albi, 720.

Maugis (Jean-Nicolas-Ferdinand), à Albi, 197.

Maurand (Etienne), à Albi, 739.

Mazens, à Lasgraisses, 544, 545, 546, 547, 567, 590.

Mengaud (Lucien), à Toulouse, 126, 127, 128.

Menou (de), à Toulouse, 129, 130.

Méricant (Louis) fils, à Toulouse, 131, 132.

Michau, curé de la Madeleine, à Albi, 726.

Moisson-Desroches (Elise), à Paris, 133, 134.

Monclar, propriétaire, à Marssac, 600.

Montesquiou de Laboulbène (Louis de), 135, 136.

Musson, horloger, à Albi, 719.

Navas, à Albi, 222.

Nelli (Edouard), à Albi, 137, 138.

Ormières, à Albi, 697.

Ouliac (François-Marie), à Castres, 139.

Paleville (Auguste de), à Sorèze, 140, 141, 142, 143, 144, 145.

Paliés (Charles), à Albi, 312, 313, 339, 344, 351, 384, 562, 694.

Papailhiau, à Albi, 234.

Perrot (Adolphe), à Toulouse, 146, 147, 148.

Ponthus-Cinier (Antoine), à Lyon, 149, 150.

Pontié, géomètre, à Cordes, 582, 637, 683, 684, 706, 723, 741.

Portes, boulanger, à Albi, 483, 484, 485, 486, 487, 488, 489, 490, 491, 492, 493, 494, 522, 524.

Prompt (Honoré), à Albi, 198, 199, 200, 201, 202, 203, 204, 205.

Provost (Joseph), à Toulouse, 206.

Prunet, adjoint au maire, à Albi, 292.

Prunet, à Varen, 599.

Rabaud (Paul), à Pierreségade, 680.

Ravailhe, banquier, à Albi, 239, 253, 716.

Raynal (de), à Toulouse, 151, 152, 153, 154.

Reboul (Mme), à Albi, 281, 350.

Reboul, professeur, à Albi, 245, 248, 343, 347, 348, 631.

Rélin, à Nîmes, 155, 156, 157, 158, 159.

Revel, à Albi, 741.

Ricard (Elisée), à Vabre, 160, 556.

Ricard (Philippe), à Albi, 229, 230.

Rieunier, à Albi, 649, 650, 651, 652, 653, 654, 655, 656, 657.

Rigaud, ferblantier, à Albi, 436, 437.

Rivières, conducteur des ponts et chaussées, à Albi, 357, 615, 616.

Rivières (le baron de), à Albi, 218, 247, 271, 302, 303, 381, 382, 396, 397, 469, 470, 471, 472, 473, 673, 675.

Rivières (la baronne de), à Albi, 235, 415, 427, 705.

Rivières (Louis de), à Albi, 305, 340, 341, 665, 666, 667, 722.

Rolland, menuisier, à Albi, 387, 504.

Rossignol (Elie), à Montans, 417, 464, 593, 603.

Rossignol-Lagrèze, à Albi, 238.

Roucayrol, forgeron, à Albi, 693.

Salabert (Firmin), à Paris, 161, 162, 163, 164.

Sérés, photographe, à Cordes, 748.

Serres (Hippolyte), à Castres, 165, 166, 167, 168.

Sicre, à Castres, 681, 682.

Sudre (Jean-Pierre), à Paris, 208, 209, 210, 211.

Tayac, à Graulhet, 724.

Teyssonnières, à Bordeaux, 169, 170, 171, 172, 173, 174, 175, 176, 177, 178, 179, 431, 432, 561. 581, 633, 687, 689, 691, 728, 732, 736, 747.

Thomas, employé aux archives, à Albi, 559.

Toulouse-Lautrec (le comte de), à Albi, 714.

Toulouse-Lautrec (Charles de), à Albi, 180.

Trantoul (Amédée), à Toulouse, 207.

Tridoulat (le baron), à Albi, 356, 555.

Valette, à Castres, 181, 182, 183, 184.

Ventouillac (Jacques), à Toulouse, 185.

Vernet (Mme), à Albi, 604.

Vesins (la vicomtesse de), à Albi, 443, 444, 612, 701.

Veyriac, juge de paix, à Monestiés, 595.

Vignaux (Jean), à Toulouse, 186.

Voisins (le marquis de), au château de Lestar, 440, 460, 461, 462, 479, 480, 481, 482, 507, 508, 520, 550, 591, 702, 727, 730, 741.

X... de Gaillac, 710, 731.

TABLE.

Documents relatifs à l'organisation de l'exposition 4

Ire PARTIE.
BEAUX-ARTS.

1. Artistes exposants 7
2. Photographes exposants 22
3. Œuvres de Sudre 25
4. Œuvres de peinture et de sculpture
   exposées par des amateurs 26
   École allemande 26
   — espagnole 26
   — flamande 27
   — française 29
   — hollandaise 39
   — italienne 41
5. Gravures anciennes 45

IIe PARTIE.
ARCHÉOLOGIE ET CURIOSITÉS DIVERSES.

1. Antiquités celtiques, romaines et fran-
   ques 55

2. Numismatique, sceaux, poids inscrits, pierres gravées...................	64
3. Paléographie, autographes, livres rares et curieux	68
4. Objets relatifs au culte	75
5. Émaux, porcelaines de Saxe et de Sèvres, faïences	79
6. Chinoiseries	86
7. Ameublement, armes et curiosités diverses........................	90
Supplément	99
Comité spécial de classement et d'installation.............................	101
Membres du jury, pour la section des beaux-arts	102
Liste alphabétique des exposants.......	103

ALBI, IMPRIMERIE DE MAURICE PAPAILHIAU.

www.ingramcontent.com/pod-product-compliance
Lightning Source LLC
Chambersburg PA
CBHW070529100426
42743CB00010B/2014